This book belongs to:

....

....

Test Your Color

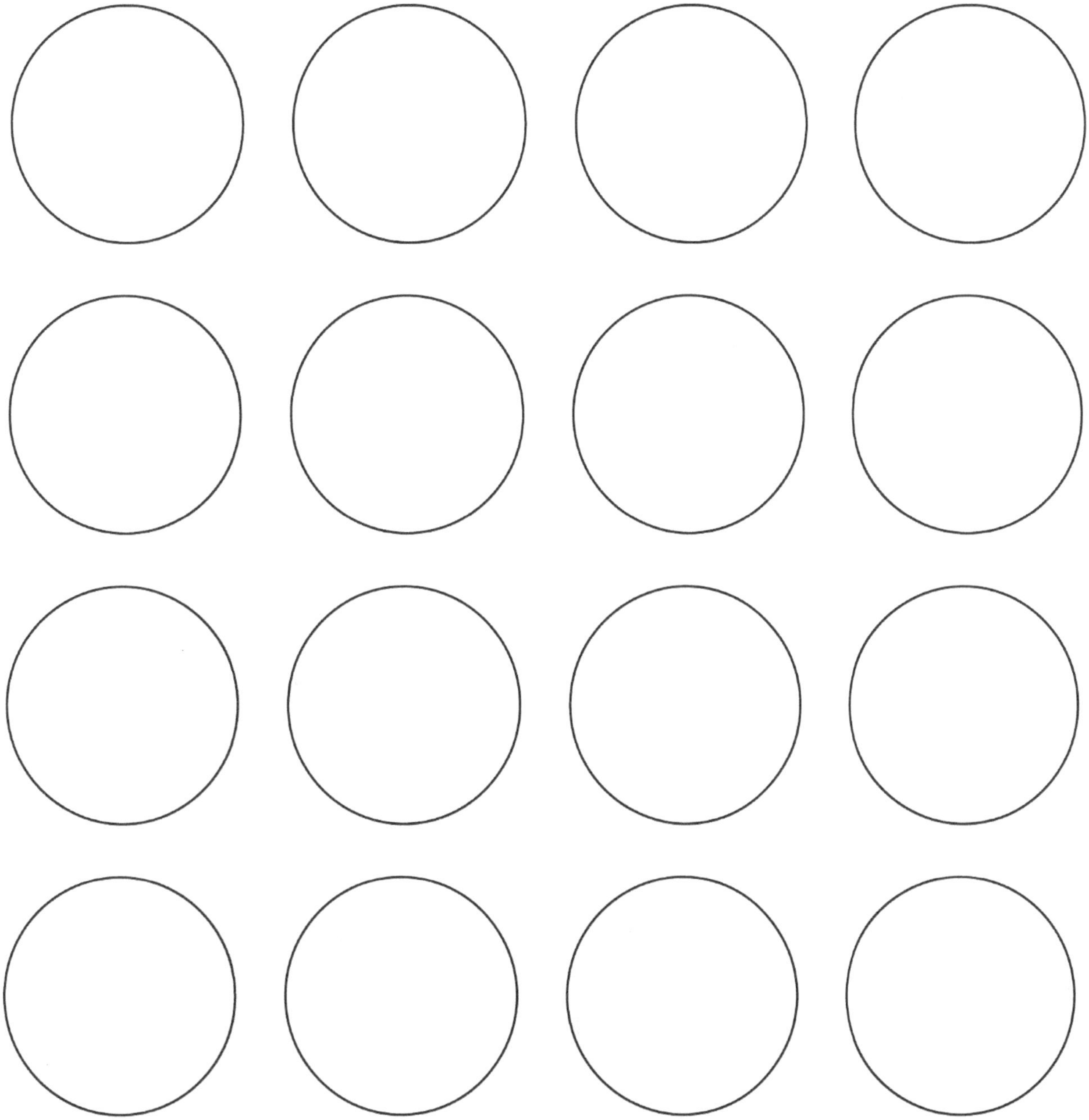

Test Your Color

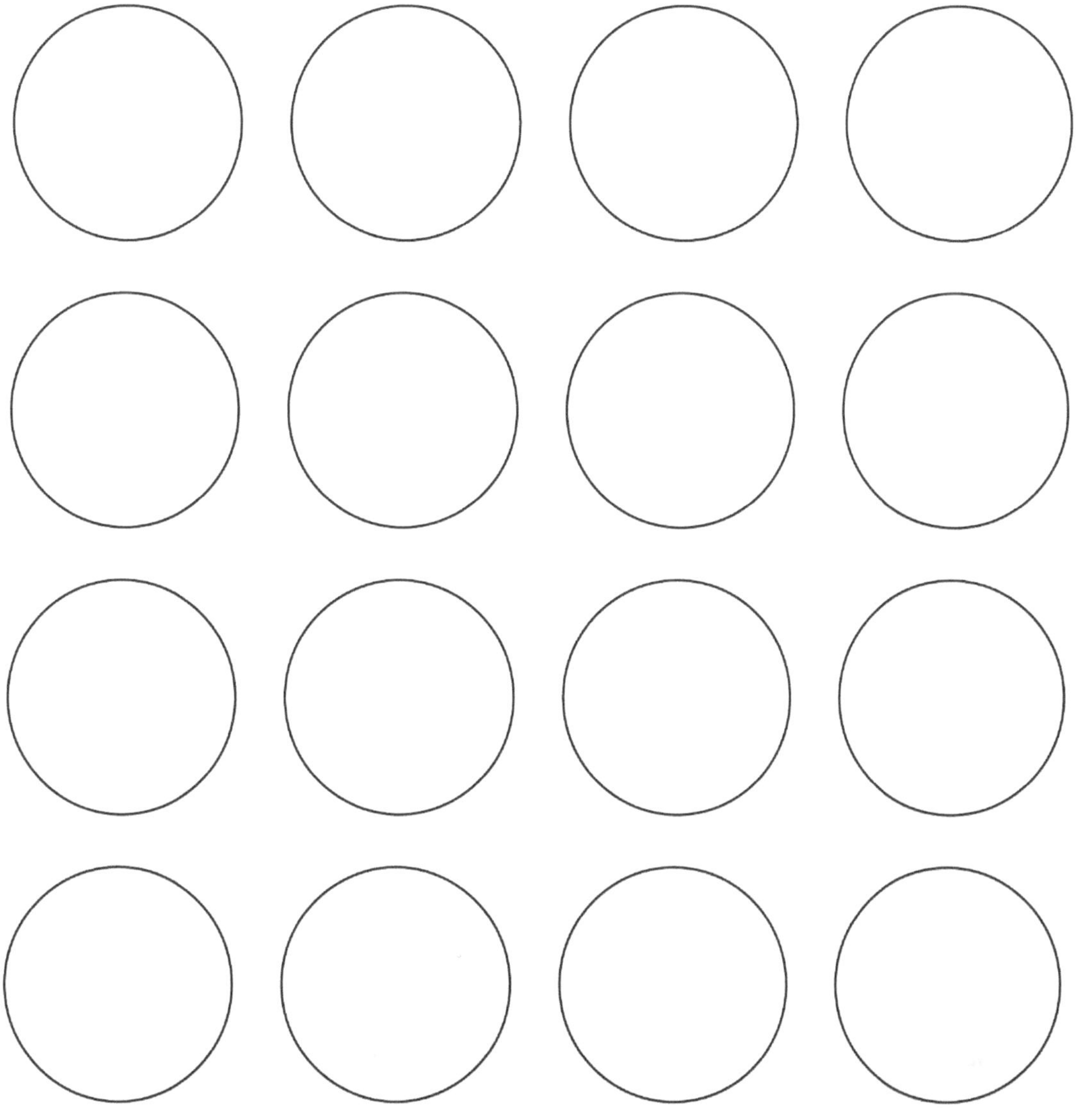

Test Your Color

Test Your Color

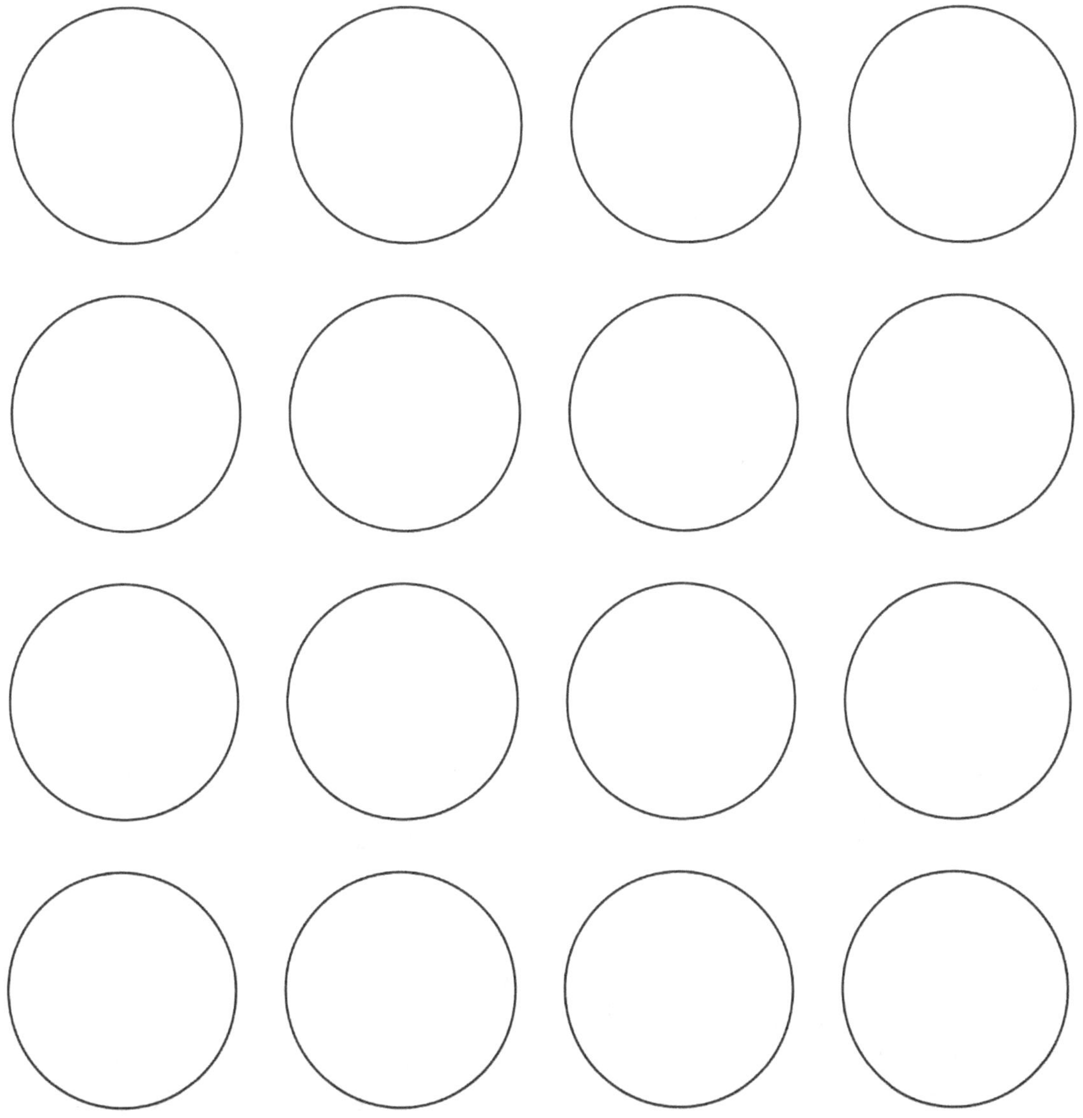

Test Your Color

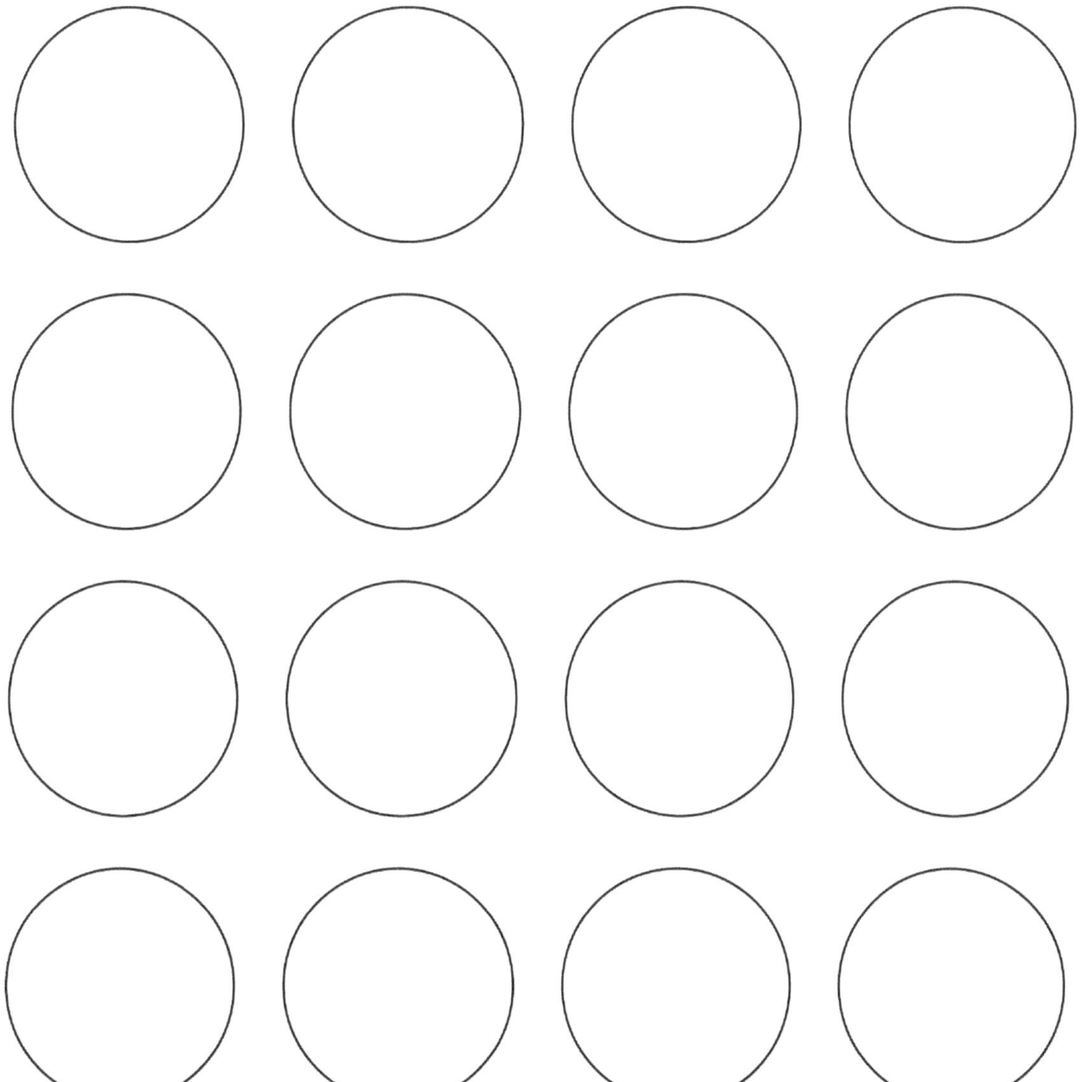

Test Your Color

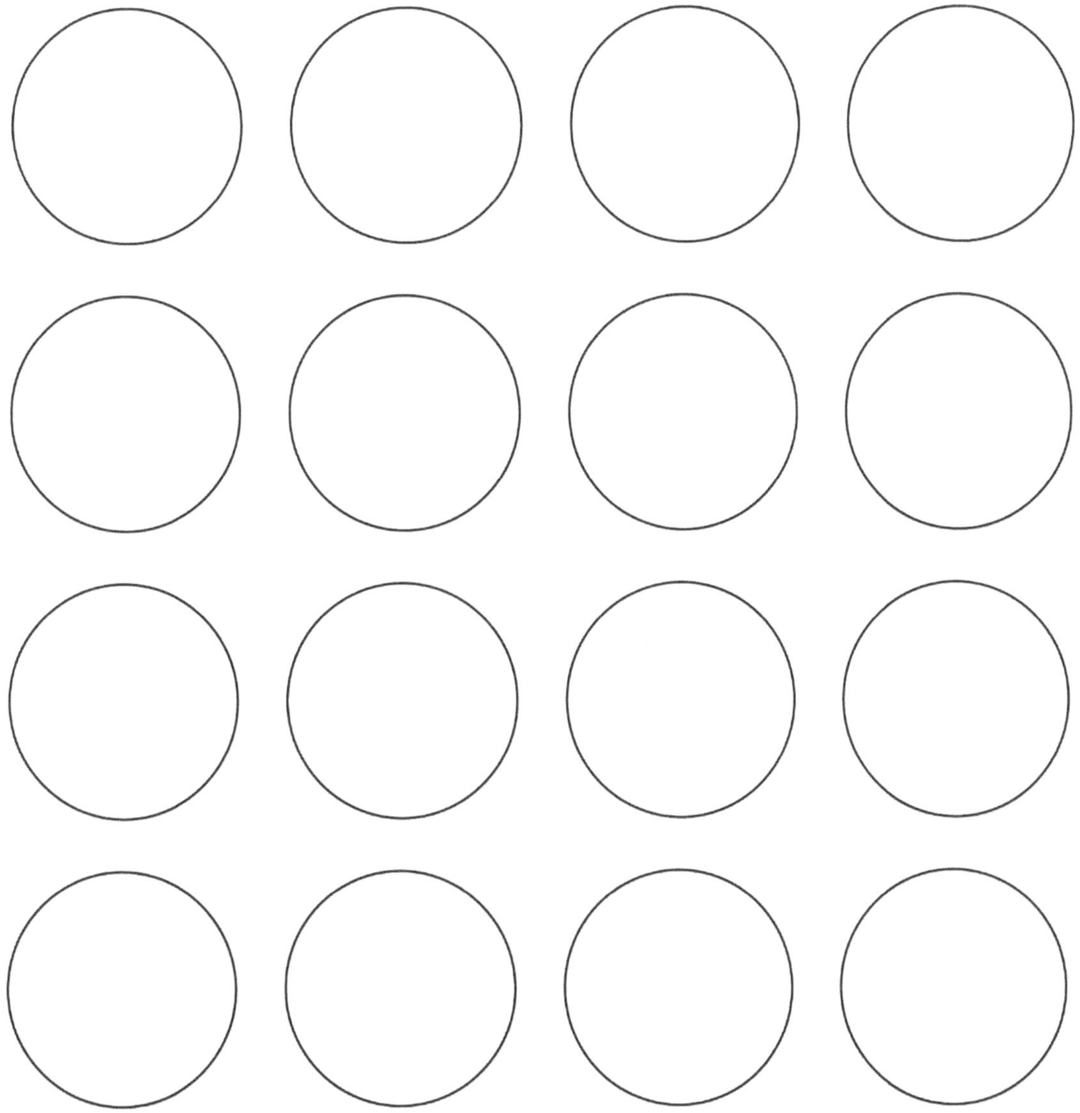

Test Your Color

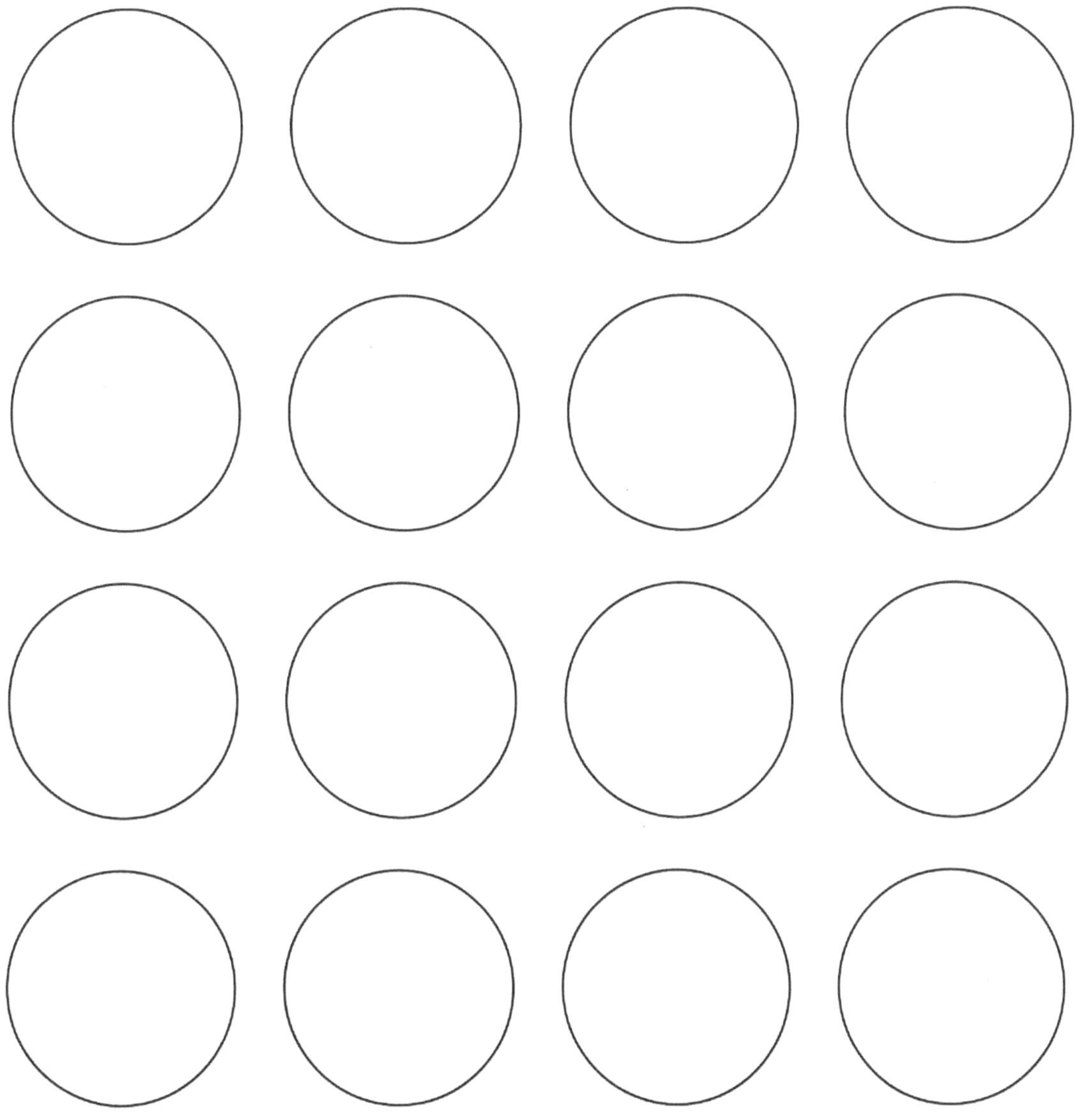

Test Your Color

Test Your Color

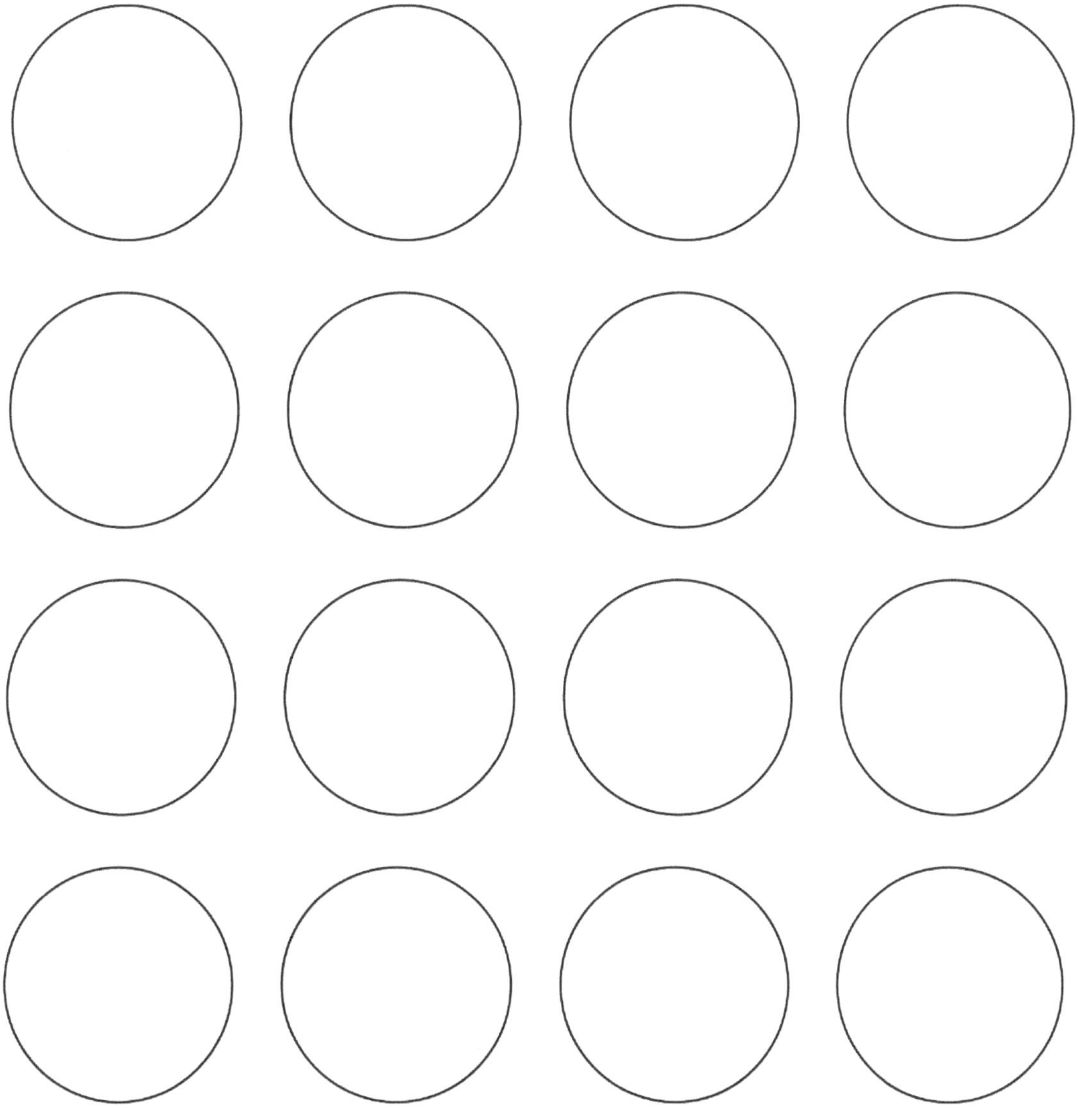

Test Your Color

Test Your Color

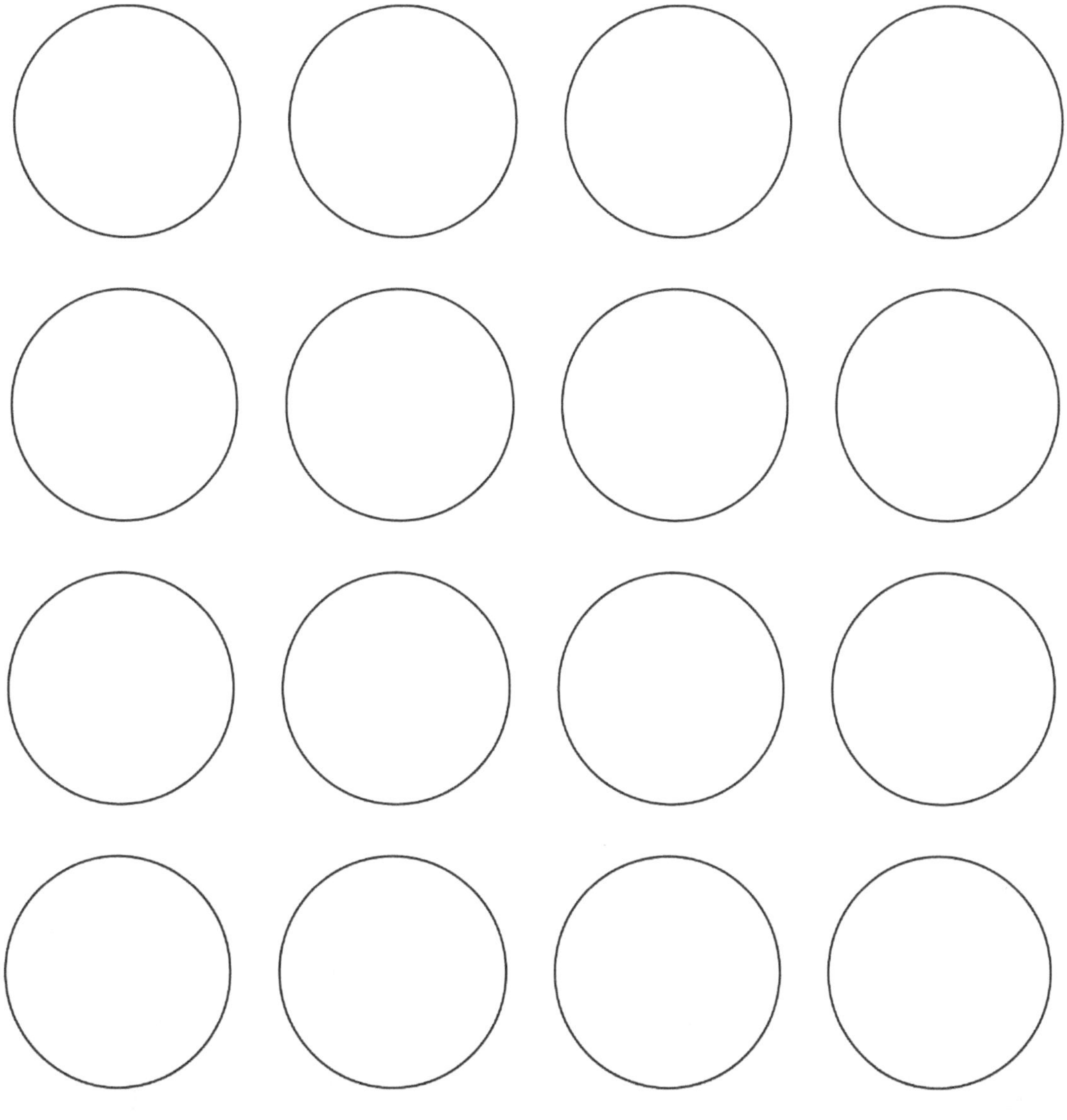

Test Your Color

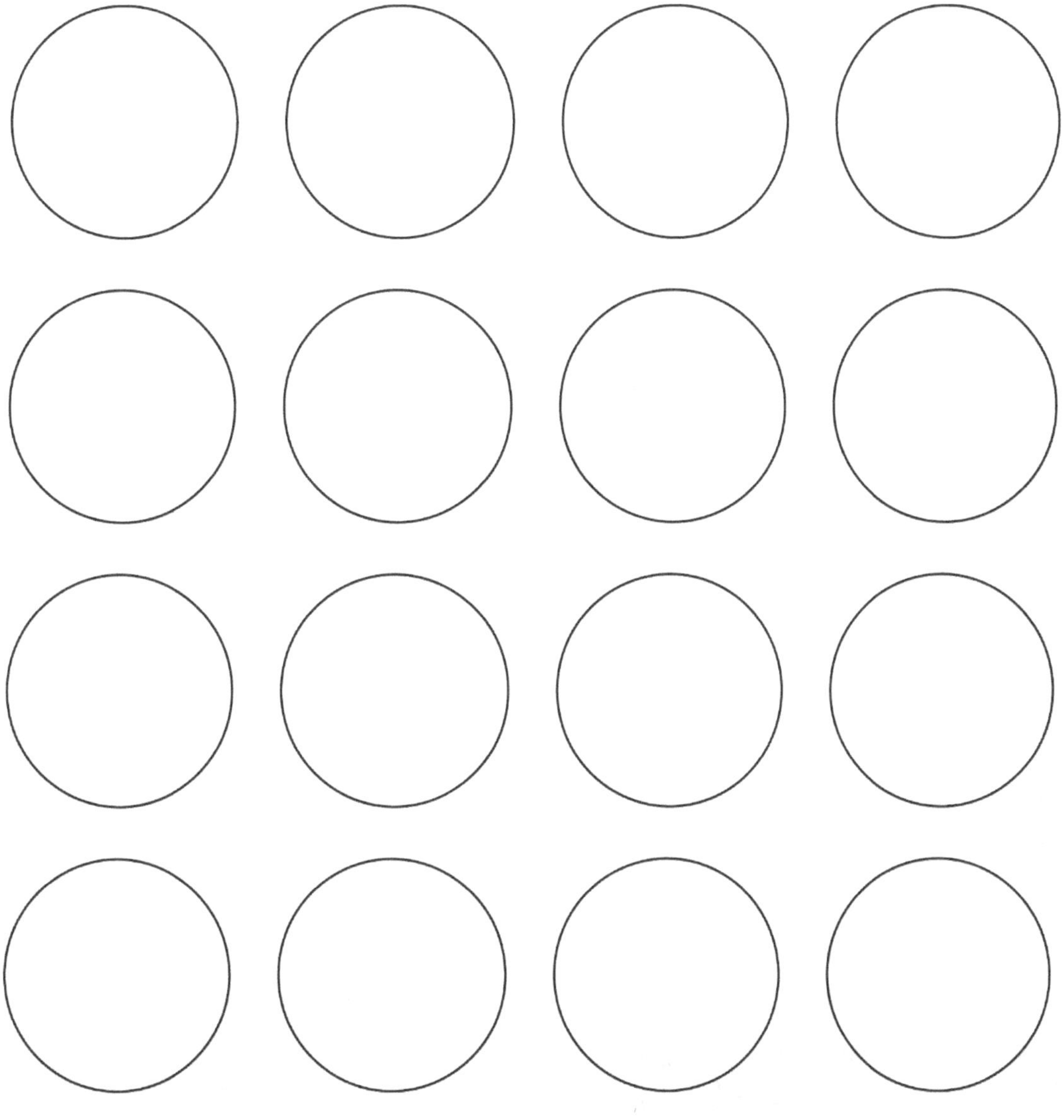

Test Your Color

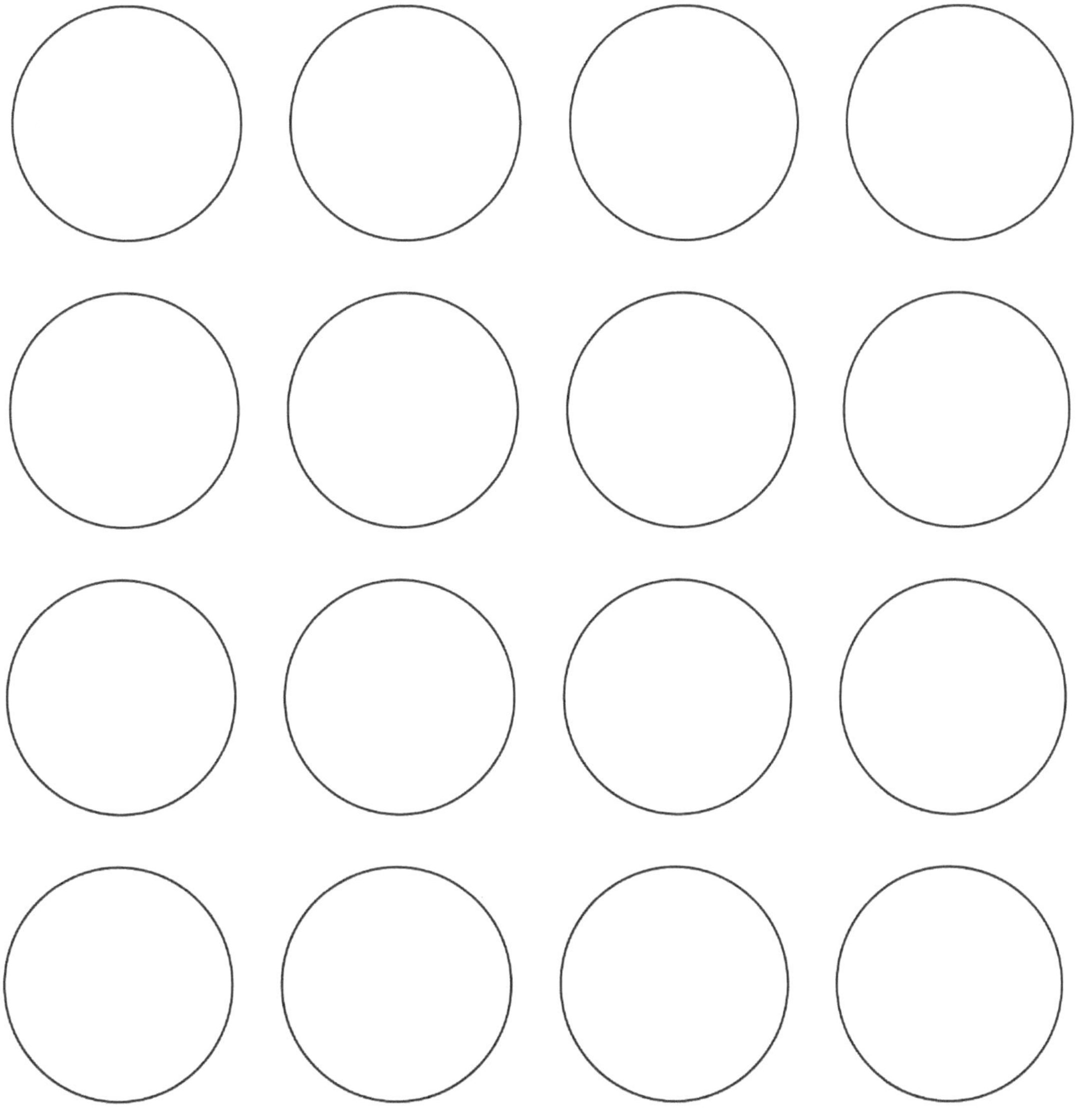

Test Your Color

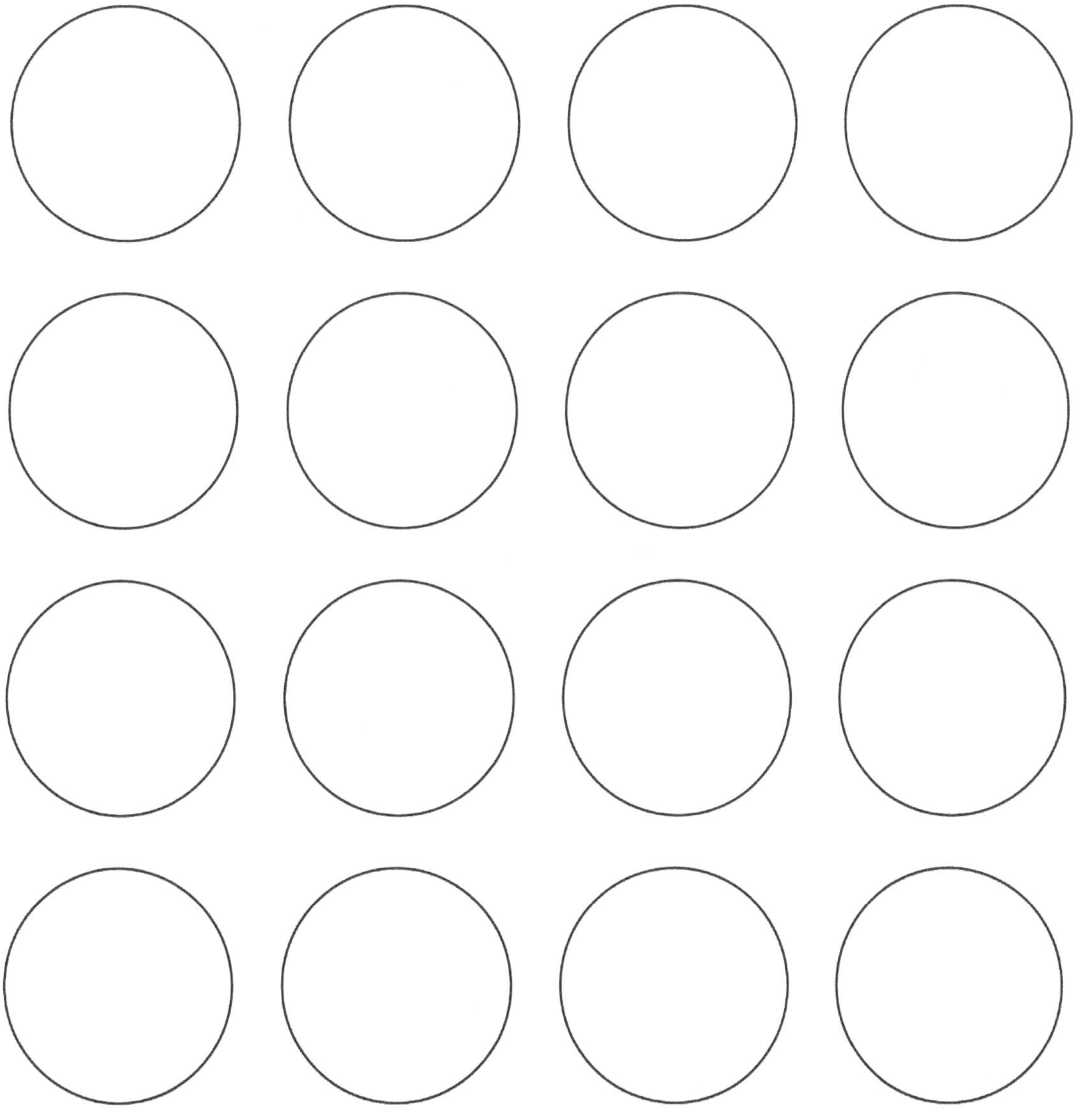

Test Your Color

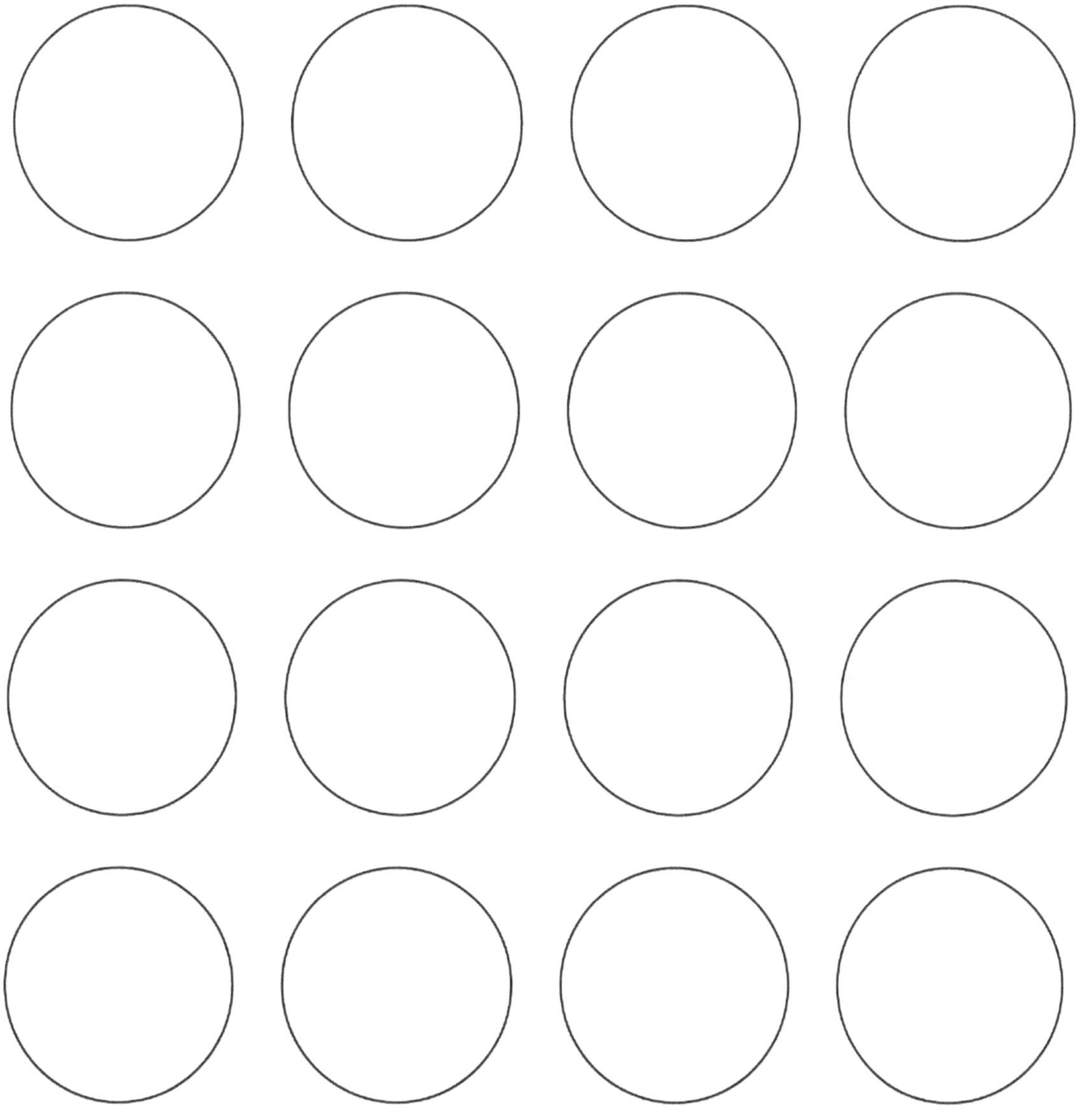

Test Your Color

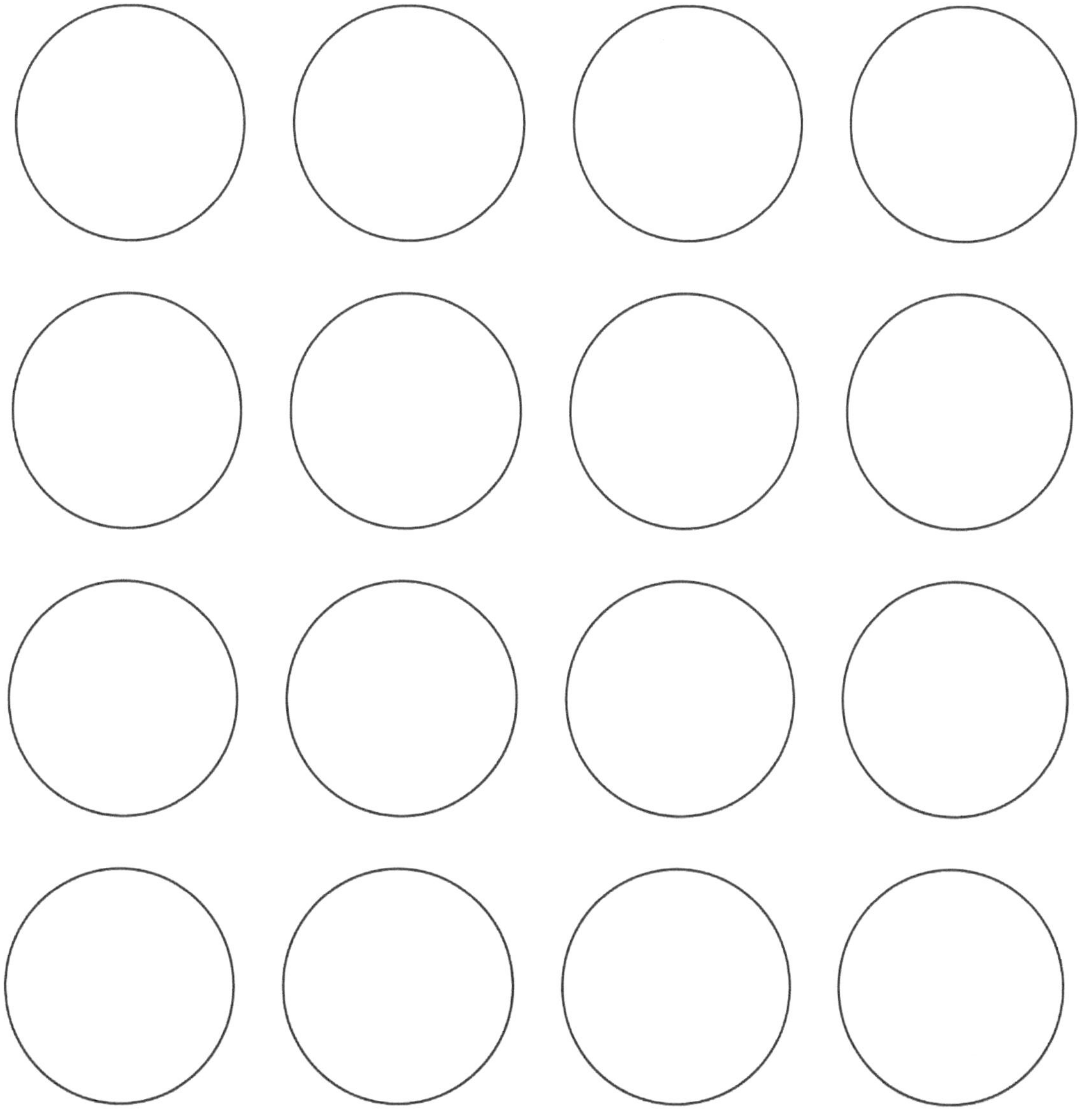

Test Your Color

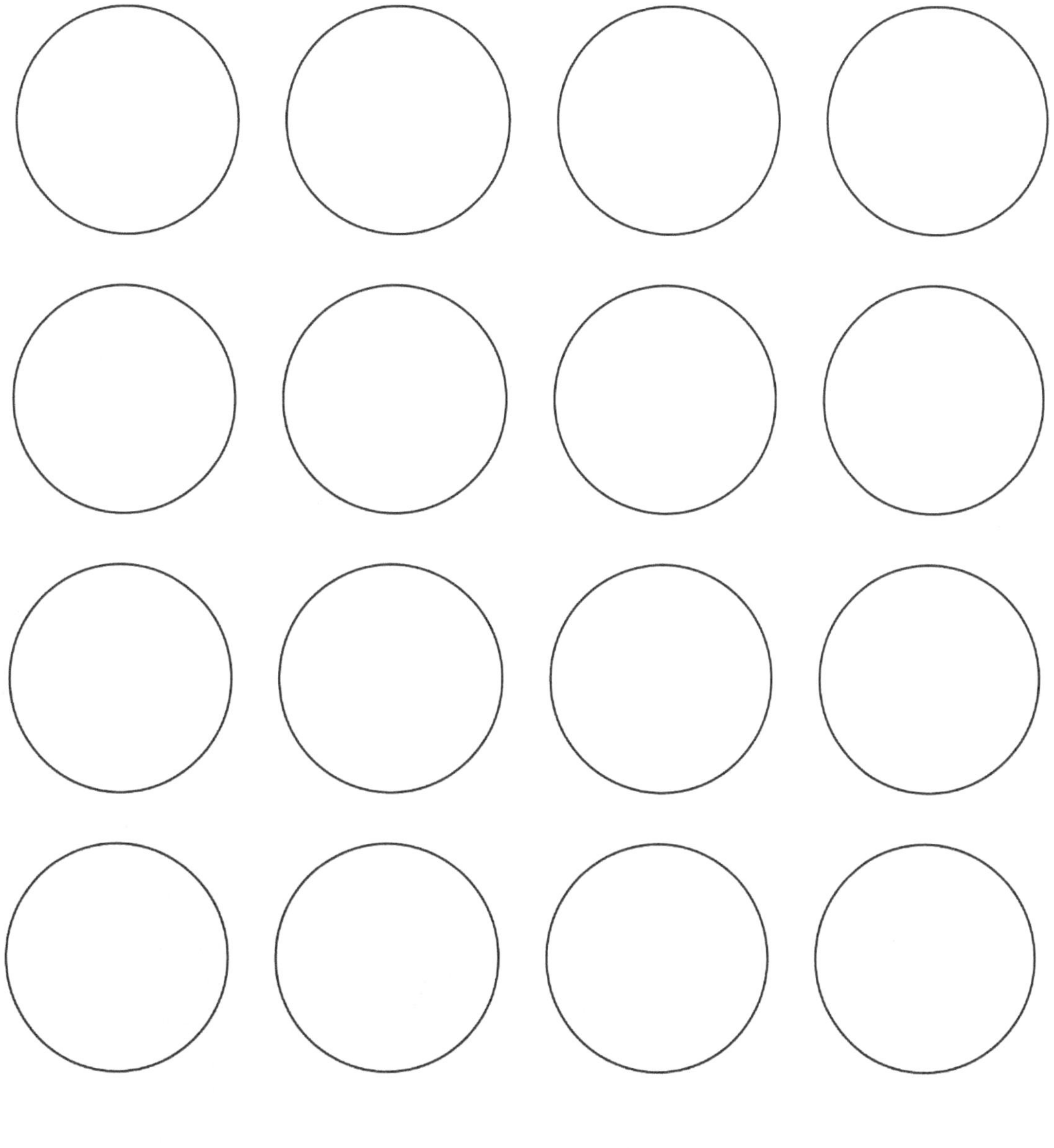

Test Your Color

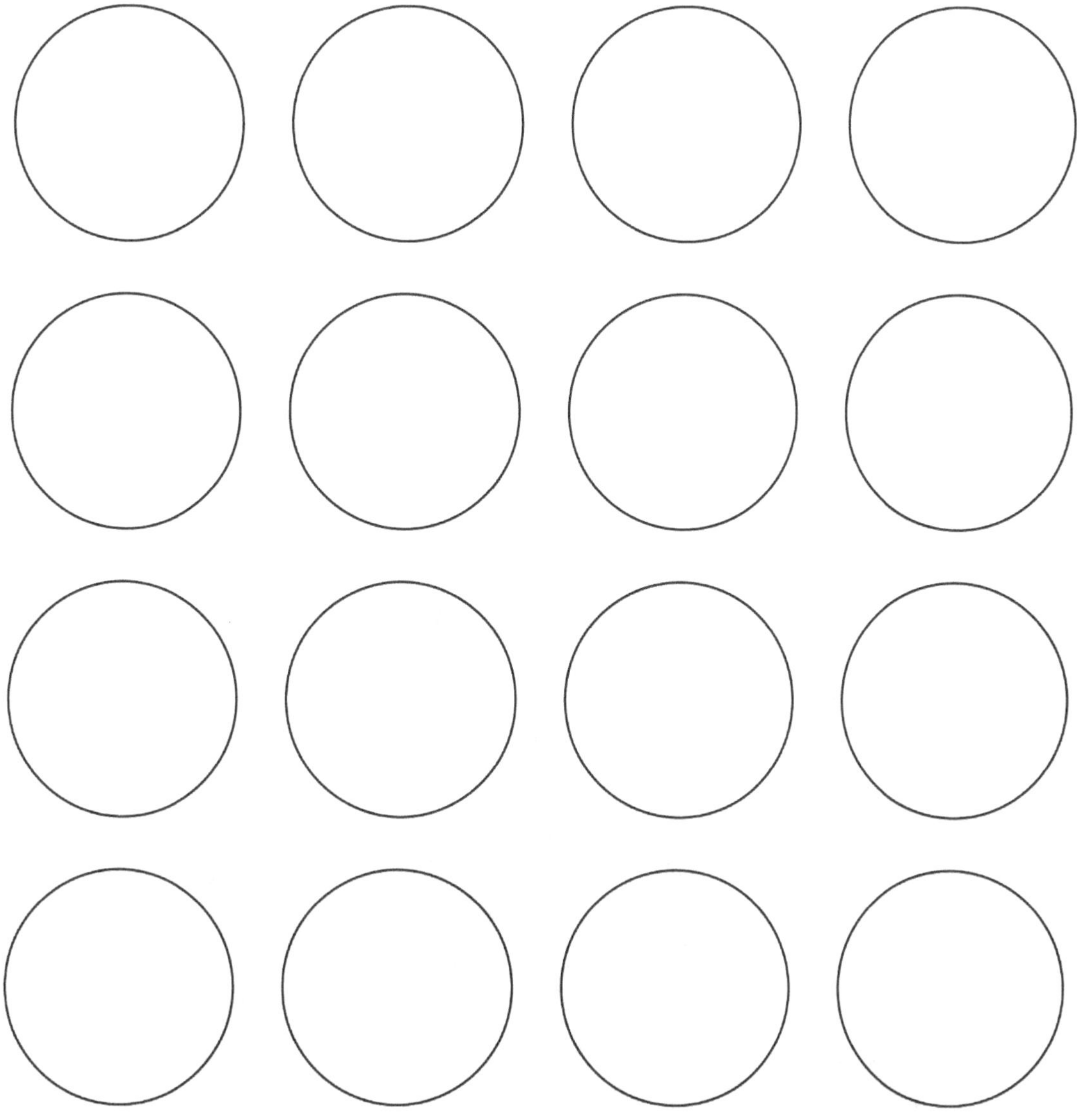

Test Your Color

Test Your Color

Test Your Color

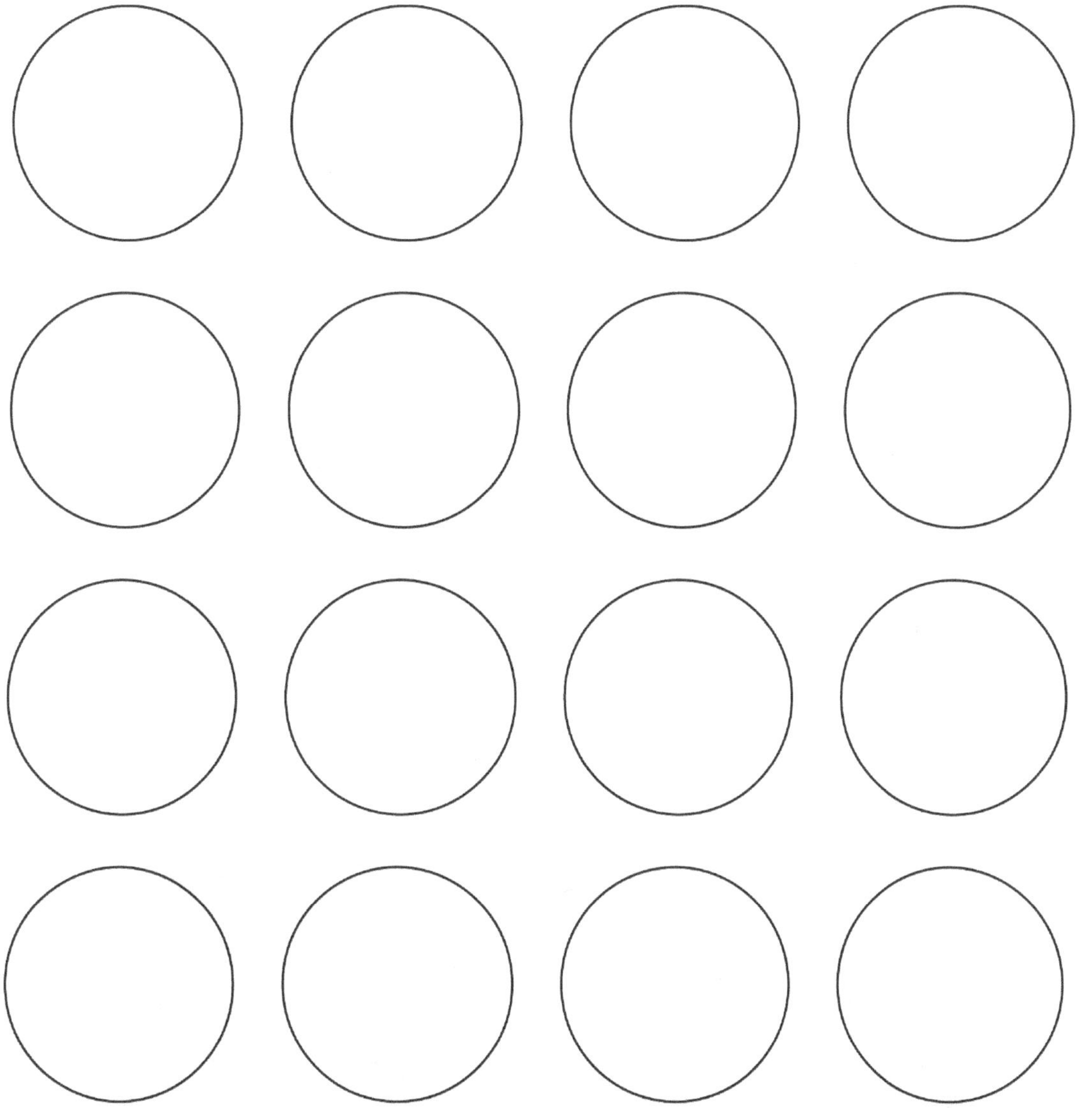

Test Your Color

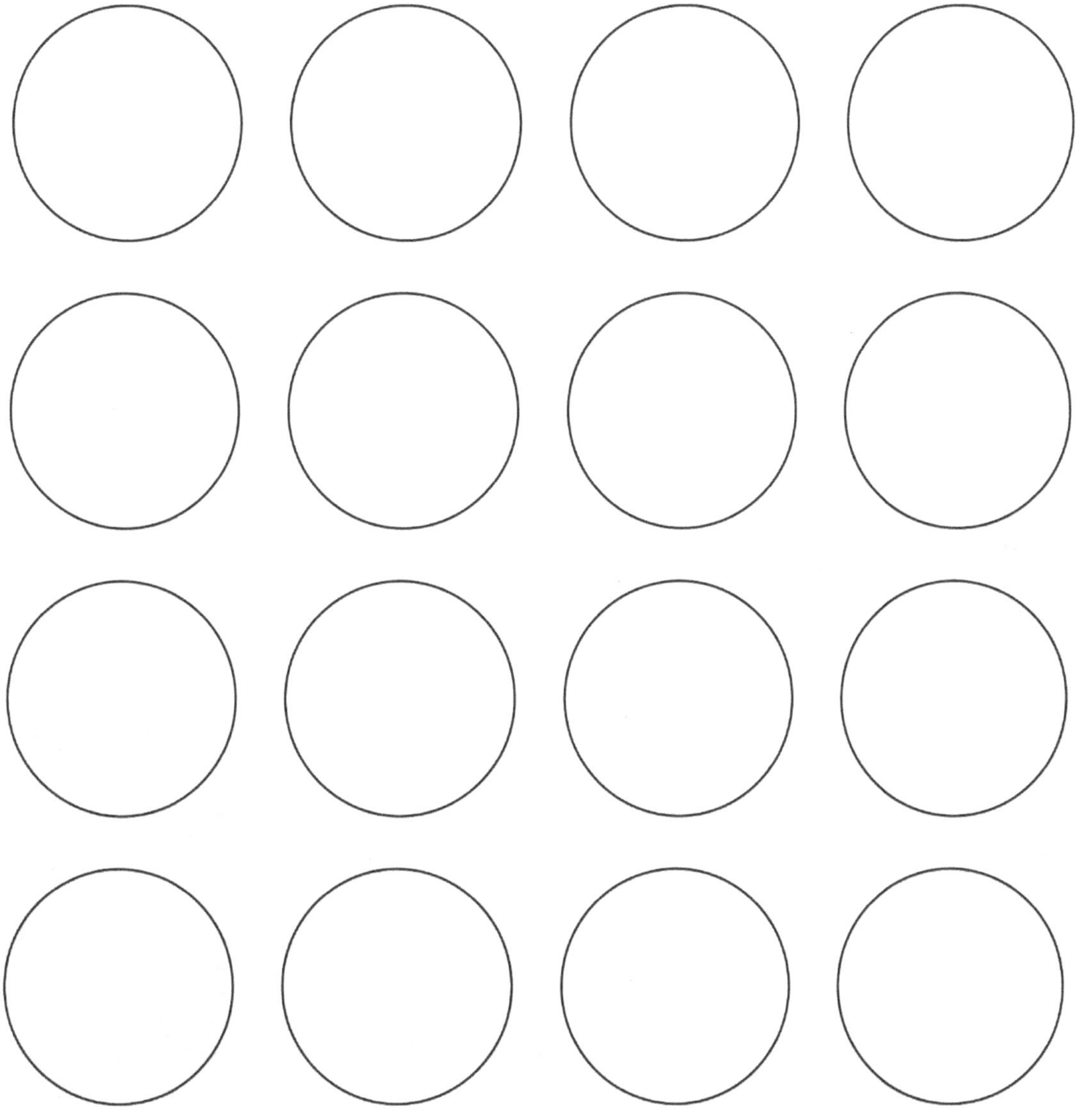

Test Your Color

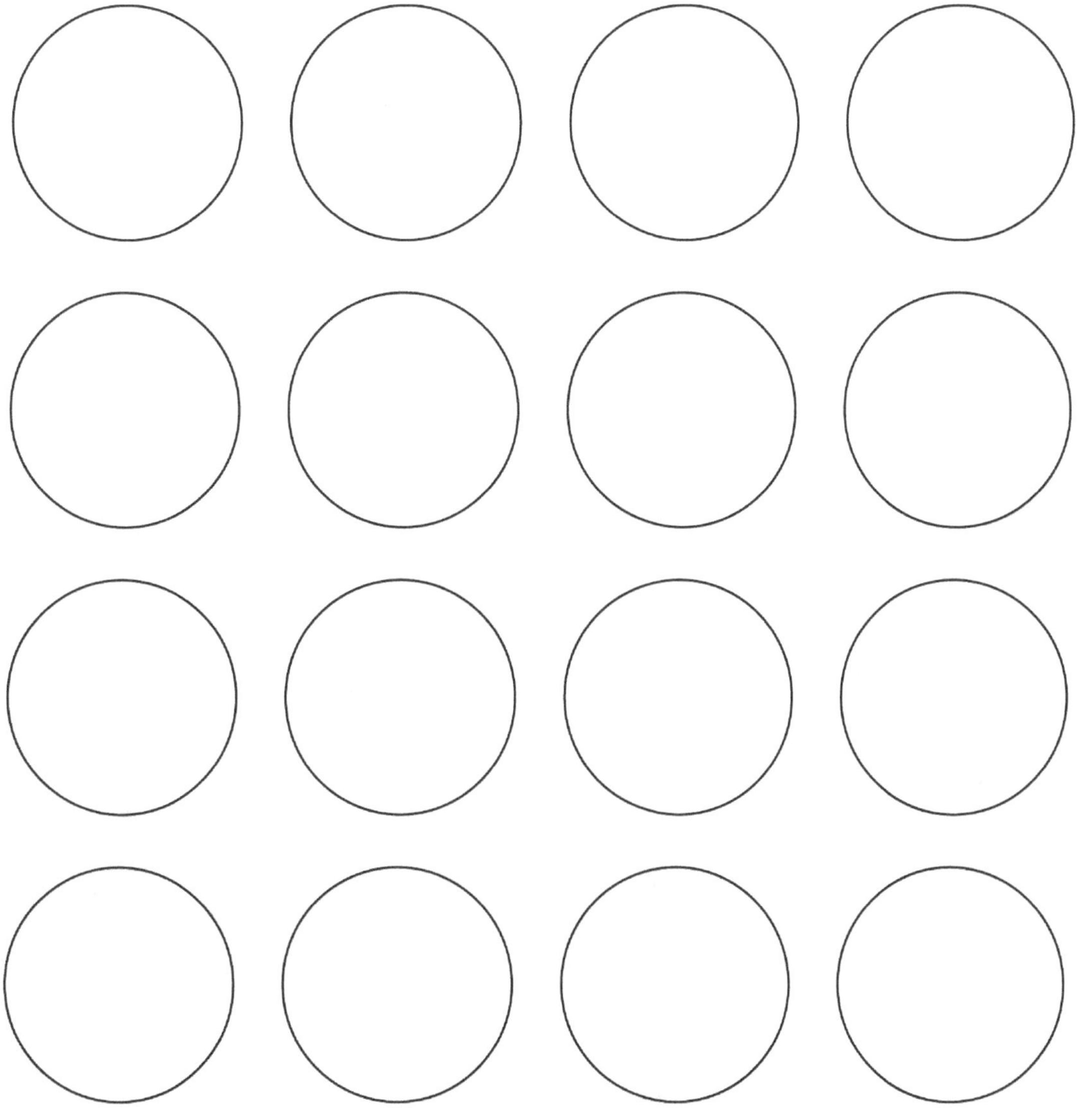

Test Your Color

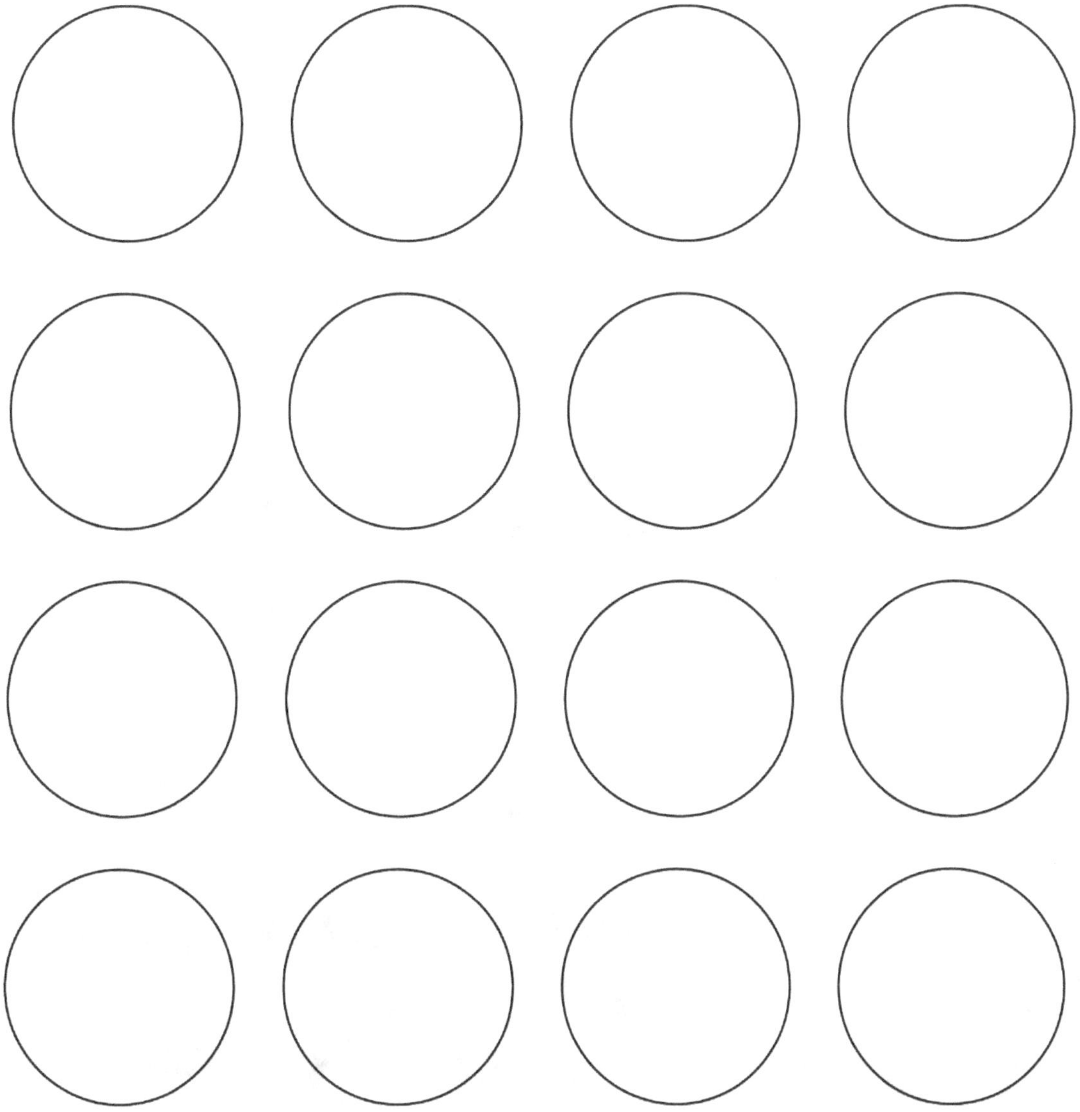

Test Your Color

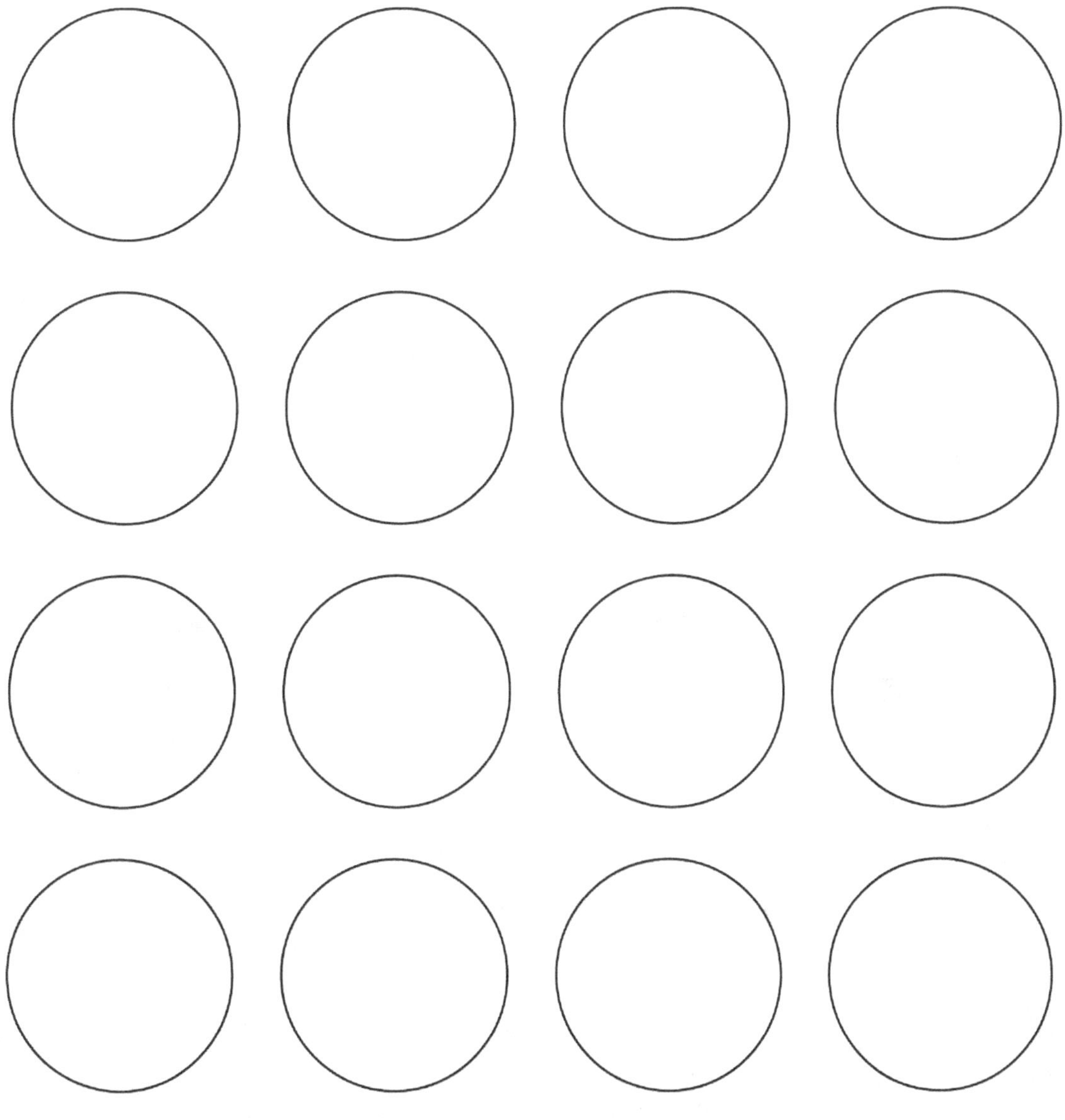

Test Your Color

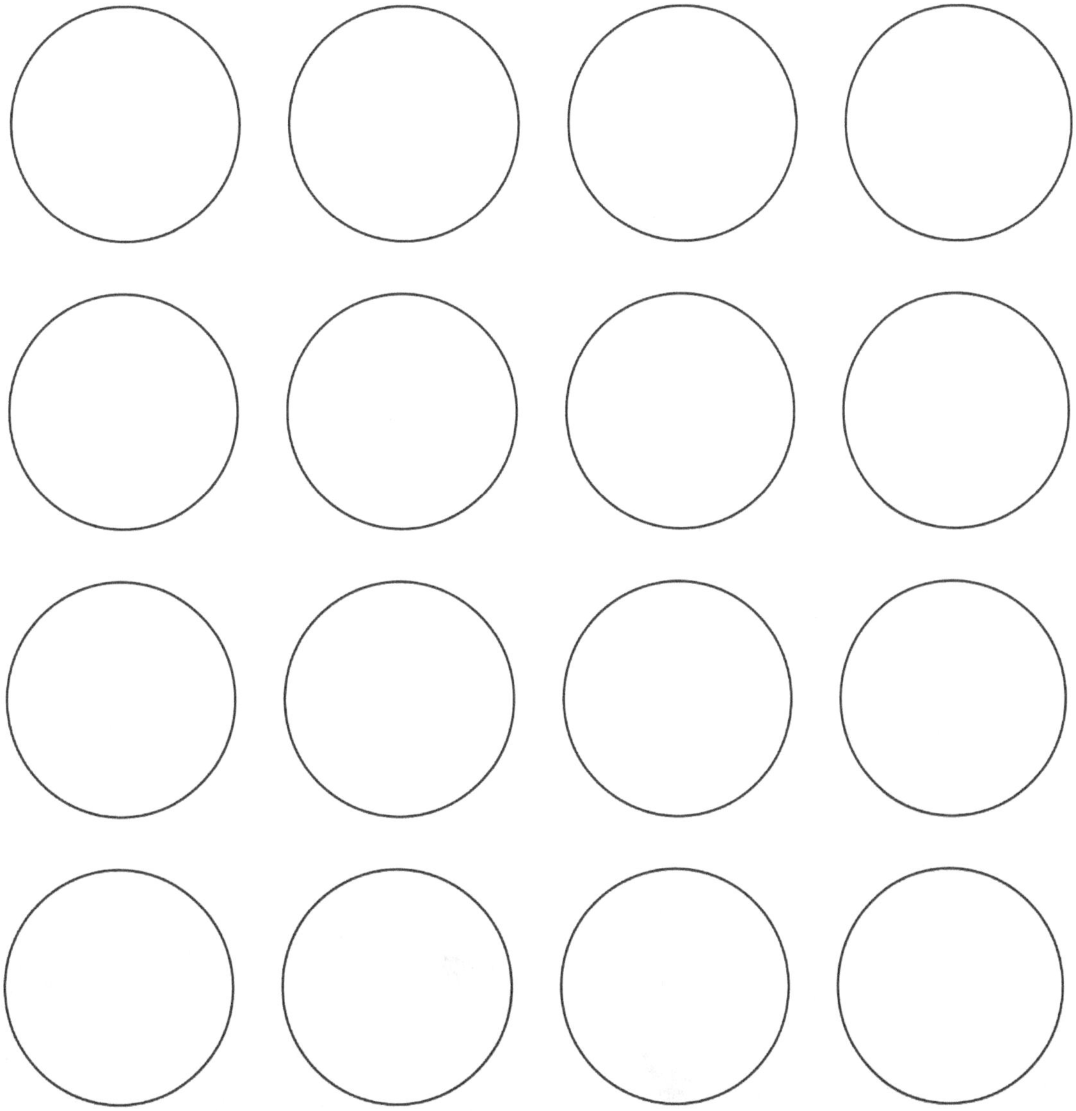

Test Your Color

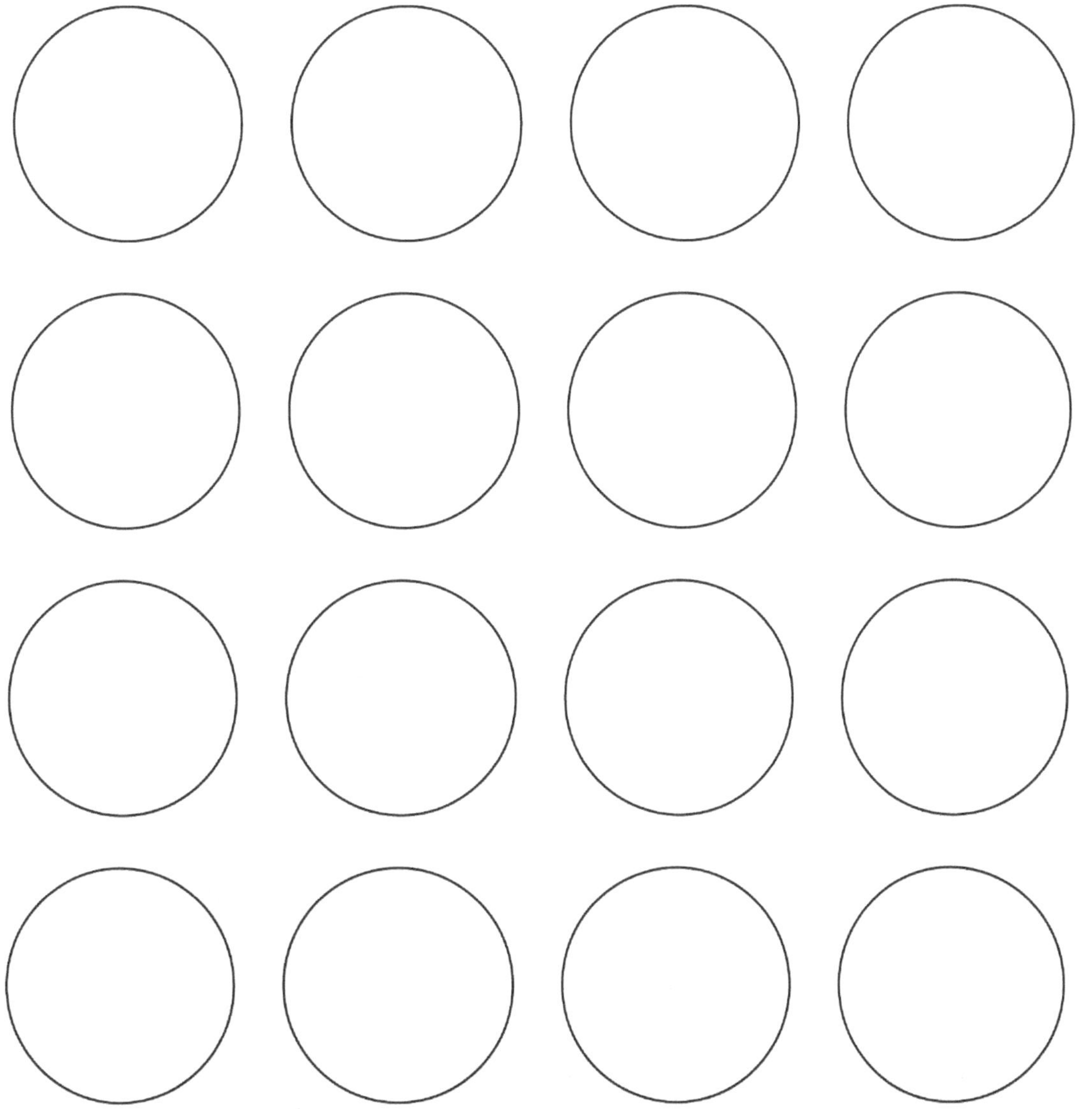

Test Your Color

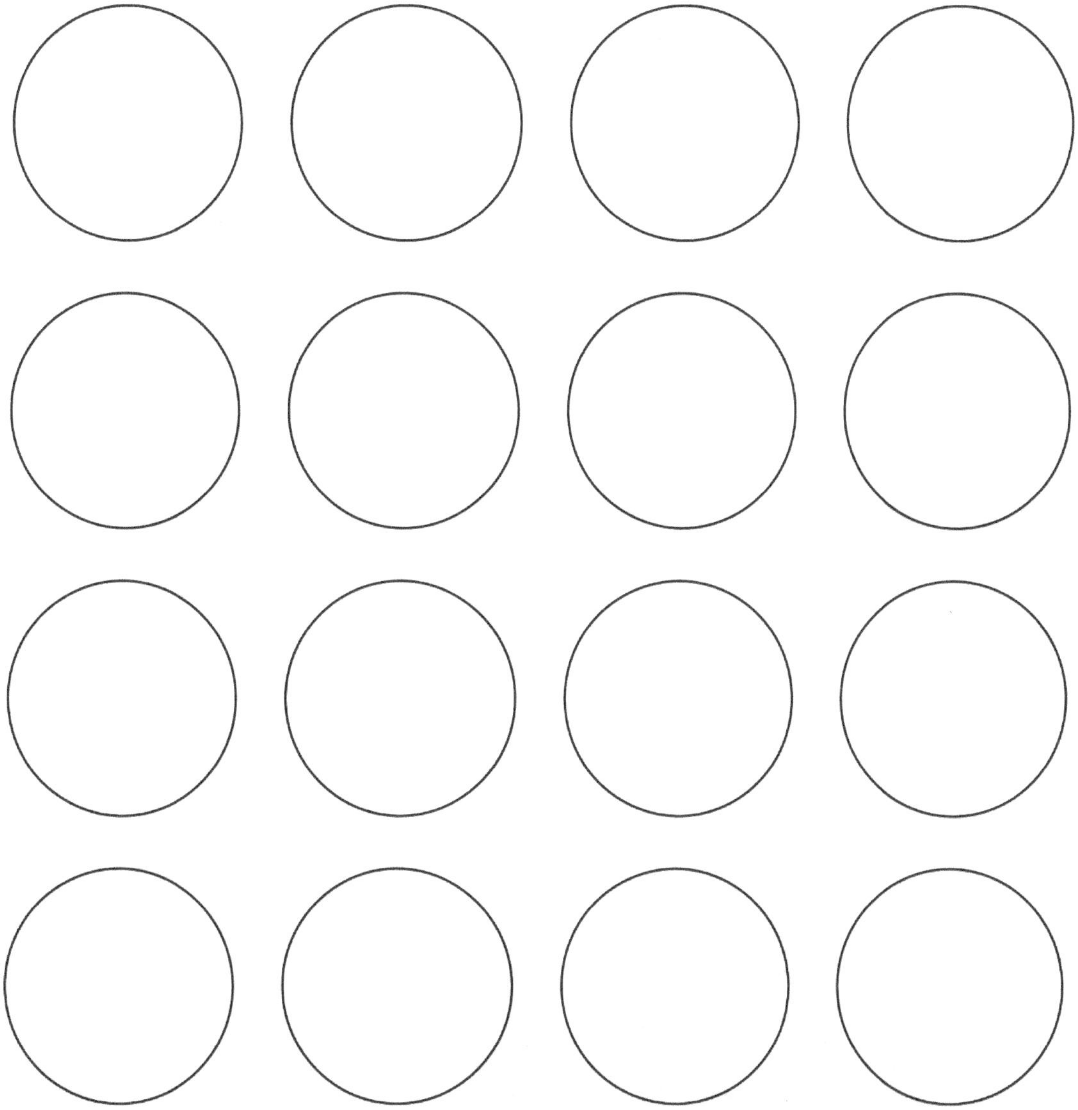

Test Your Color

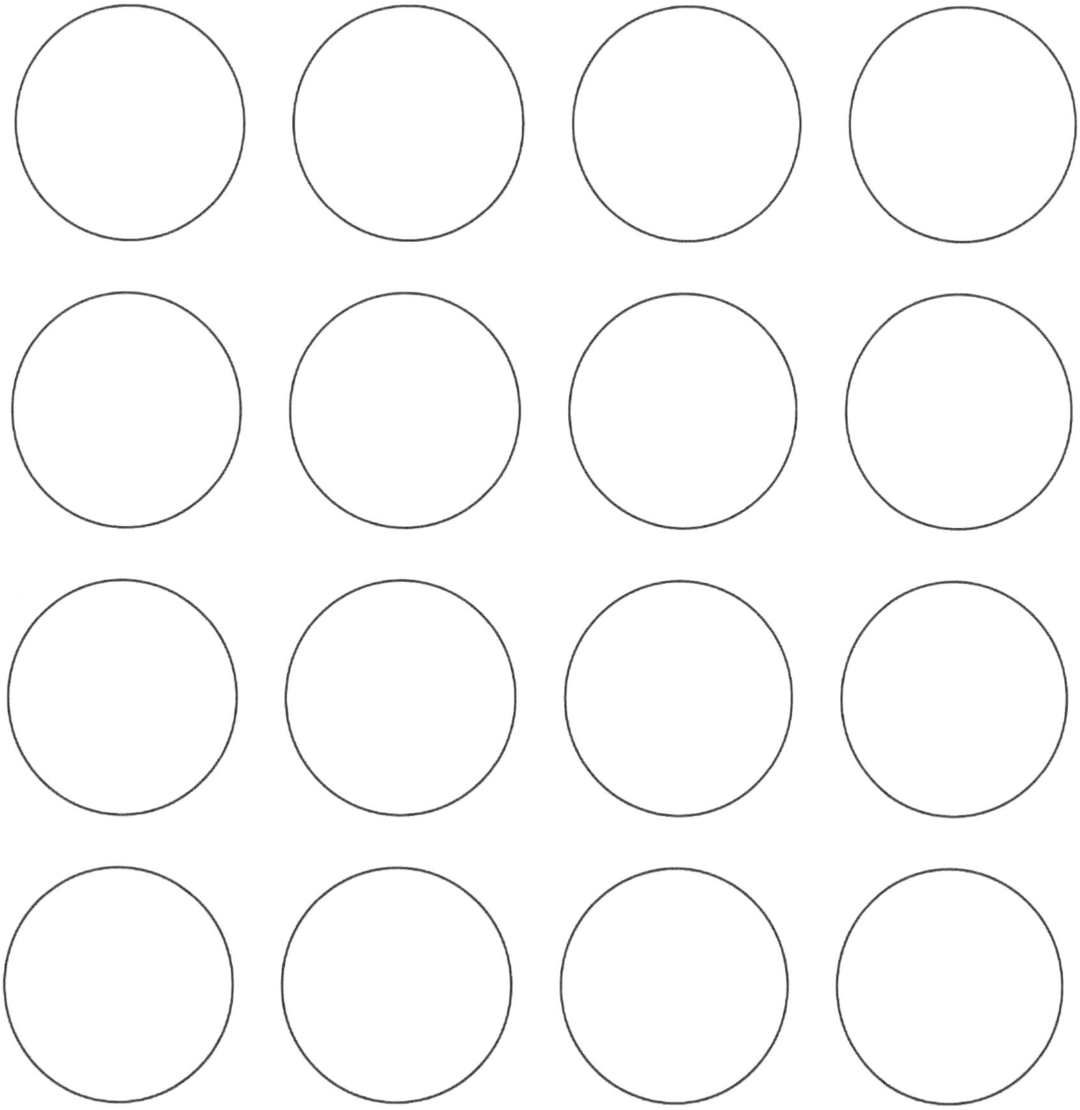

Test Your Color

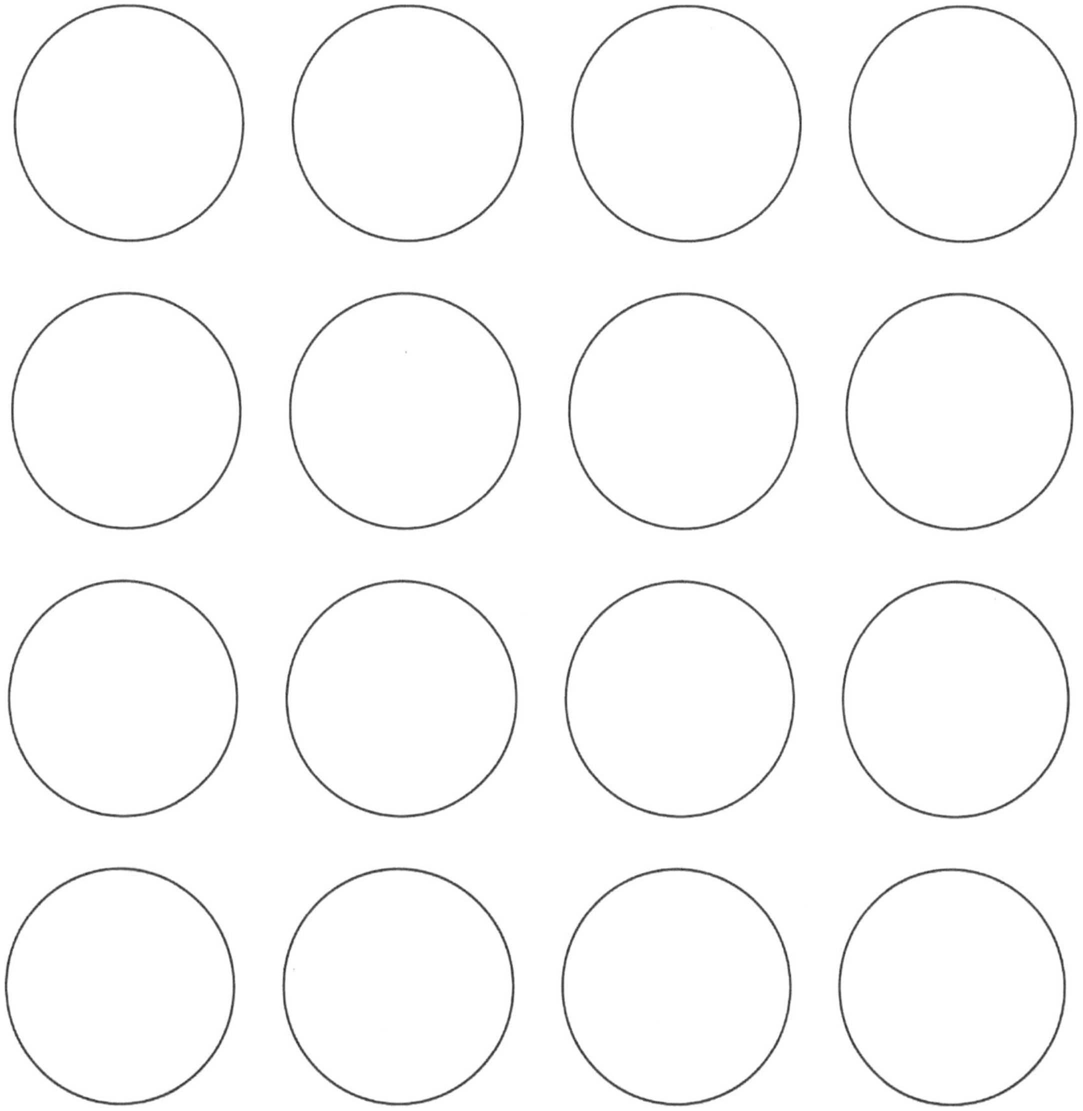

Test Your Color

Test Your Color

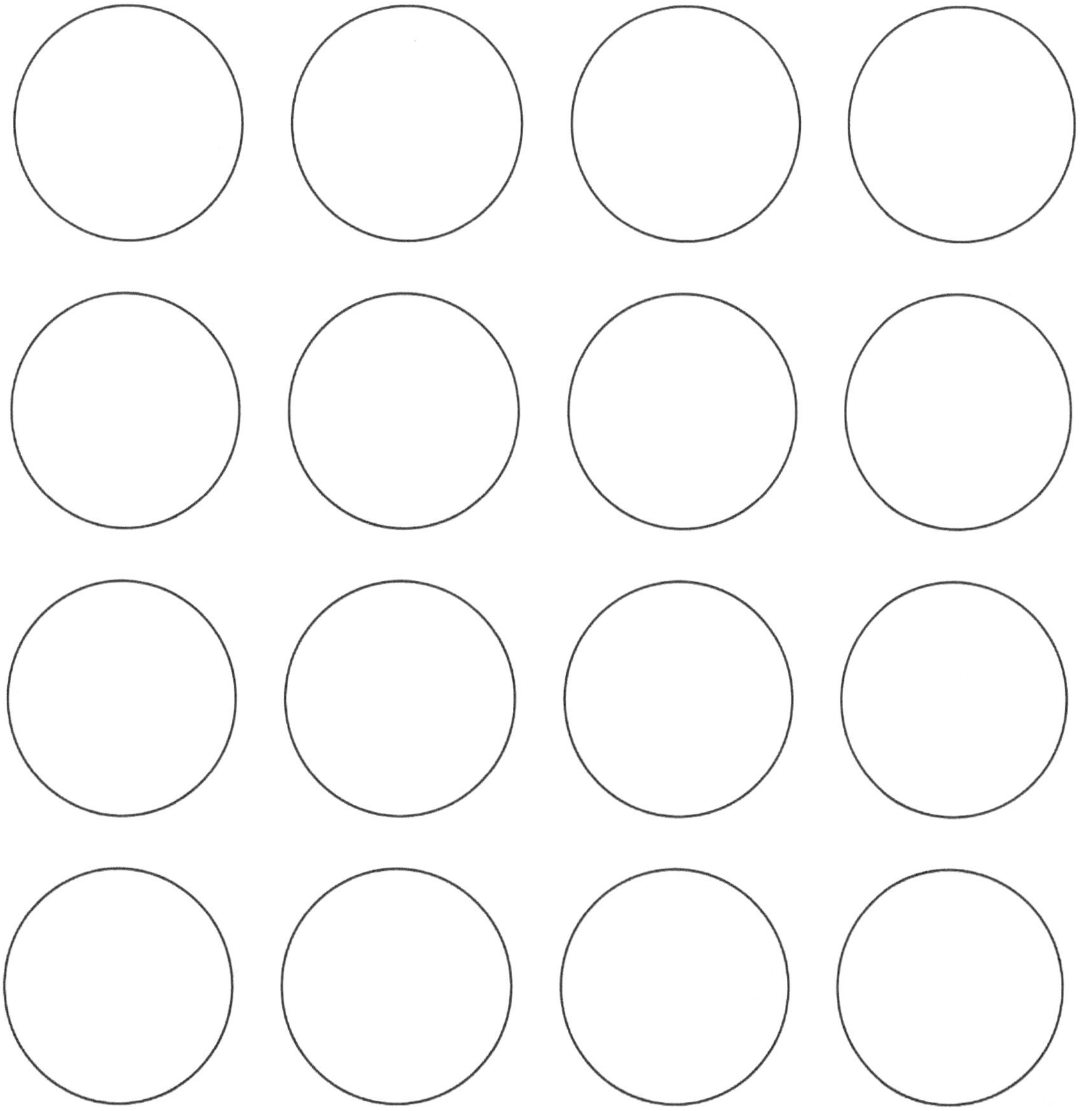

Test Your Color

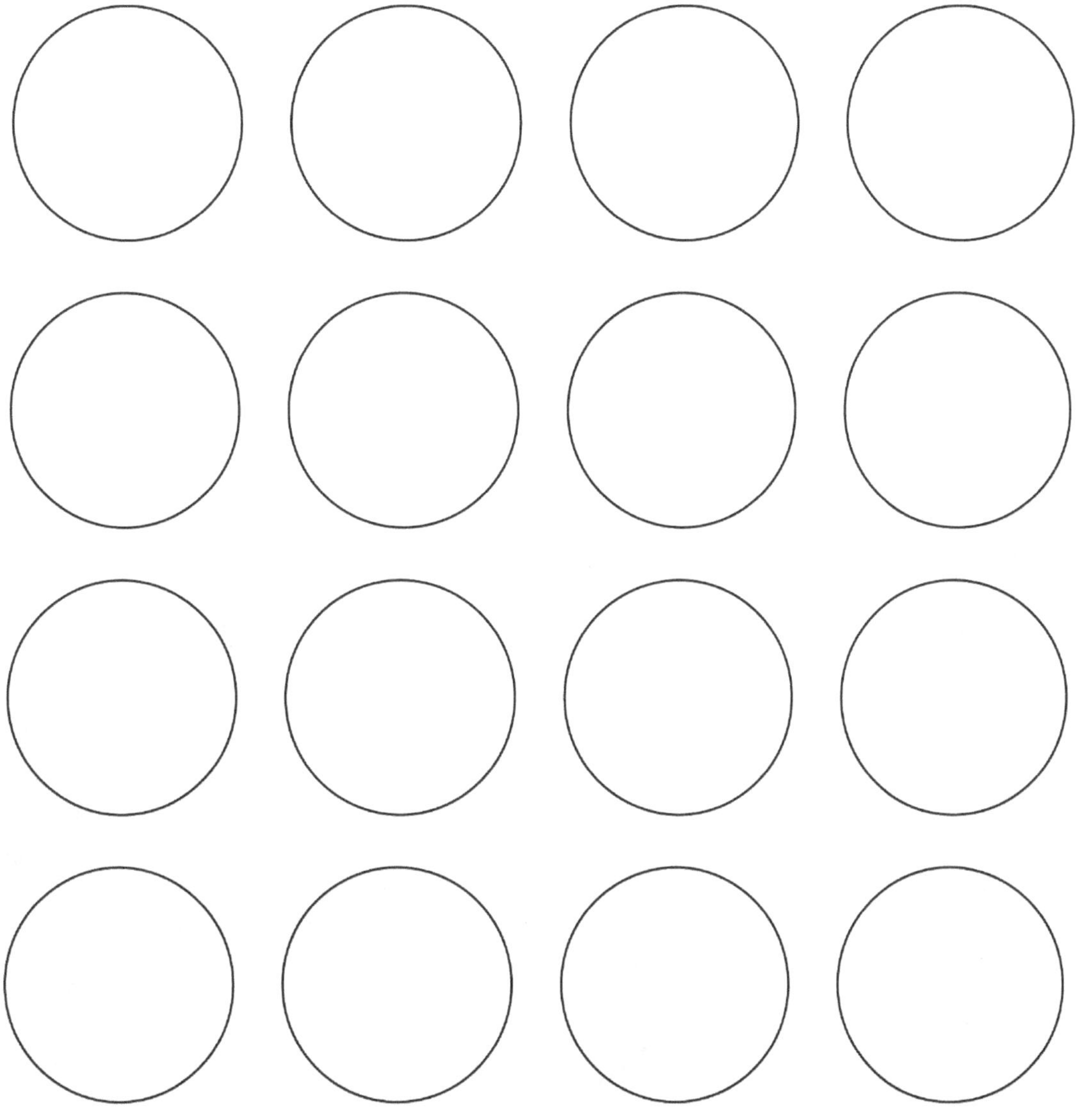

Test Your Color

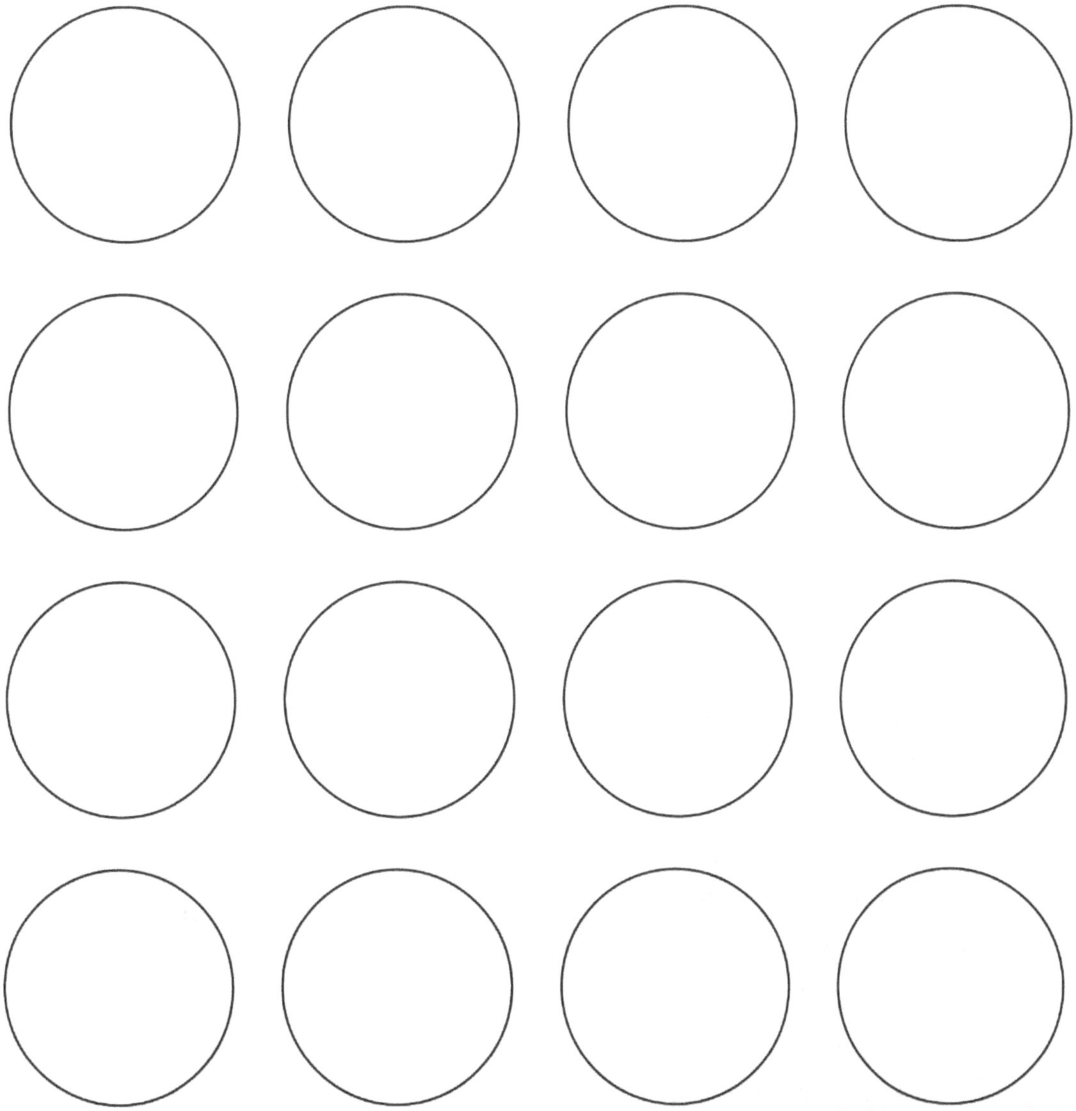

Test Your Color

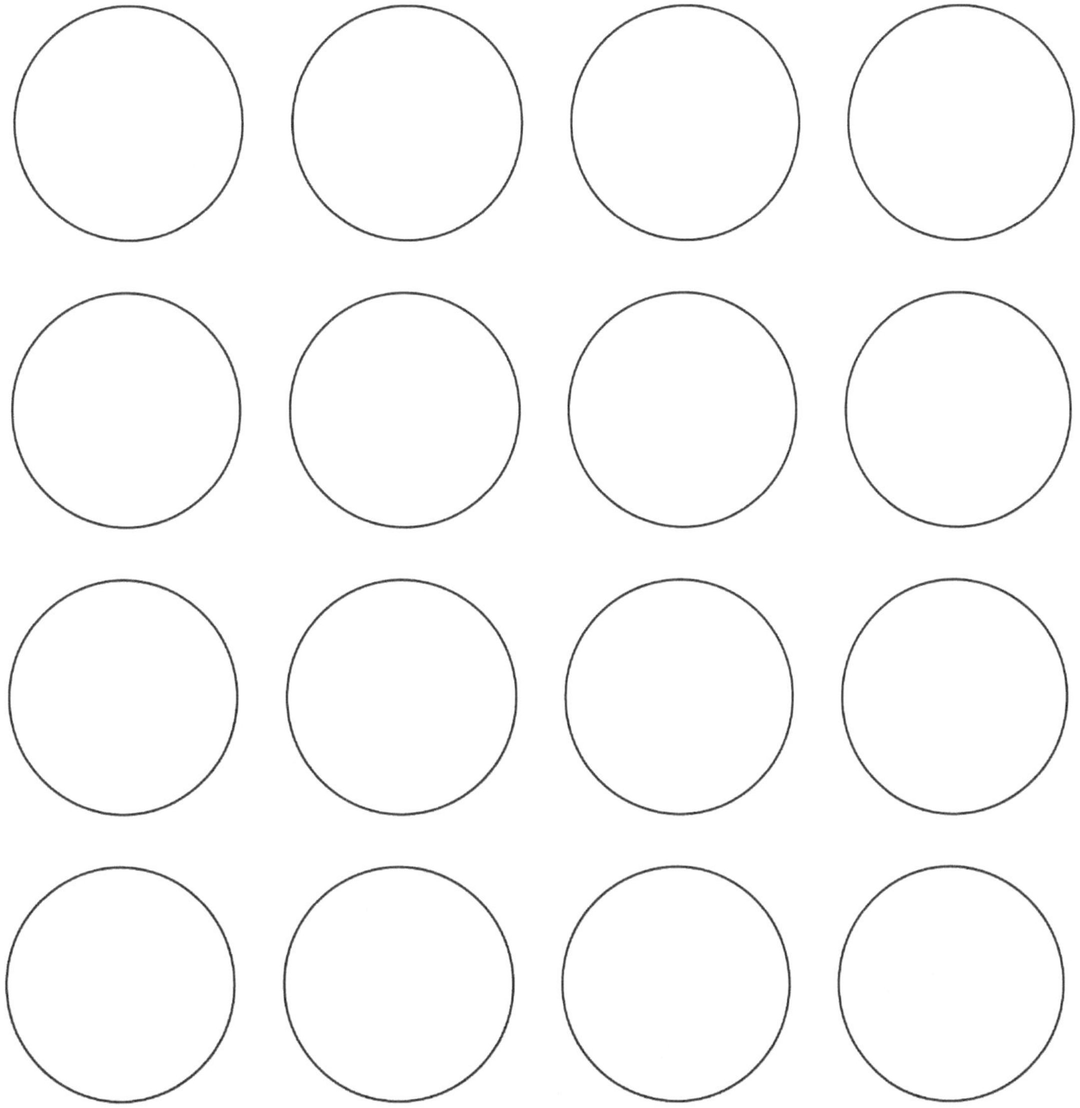

Test Your Color

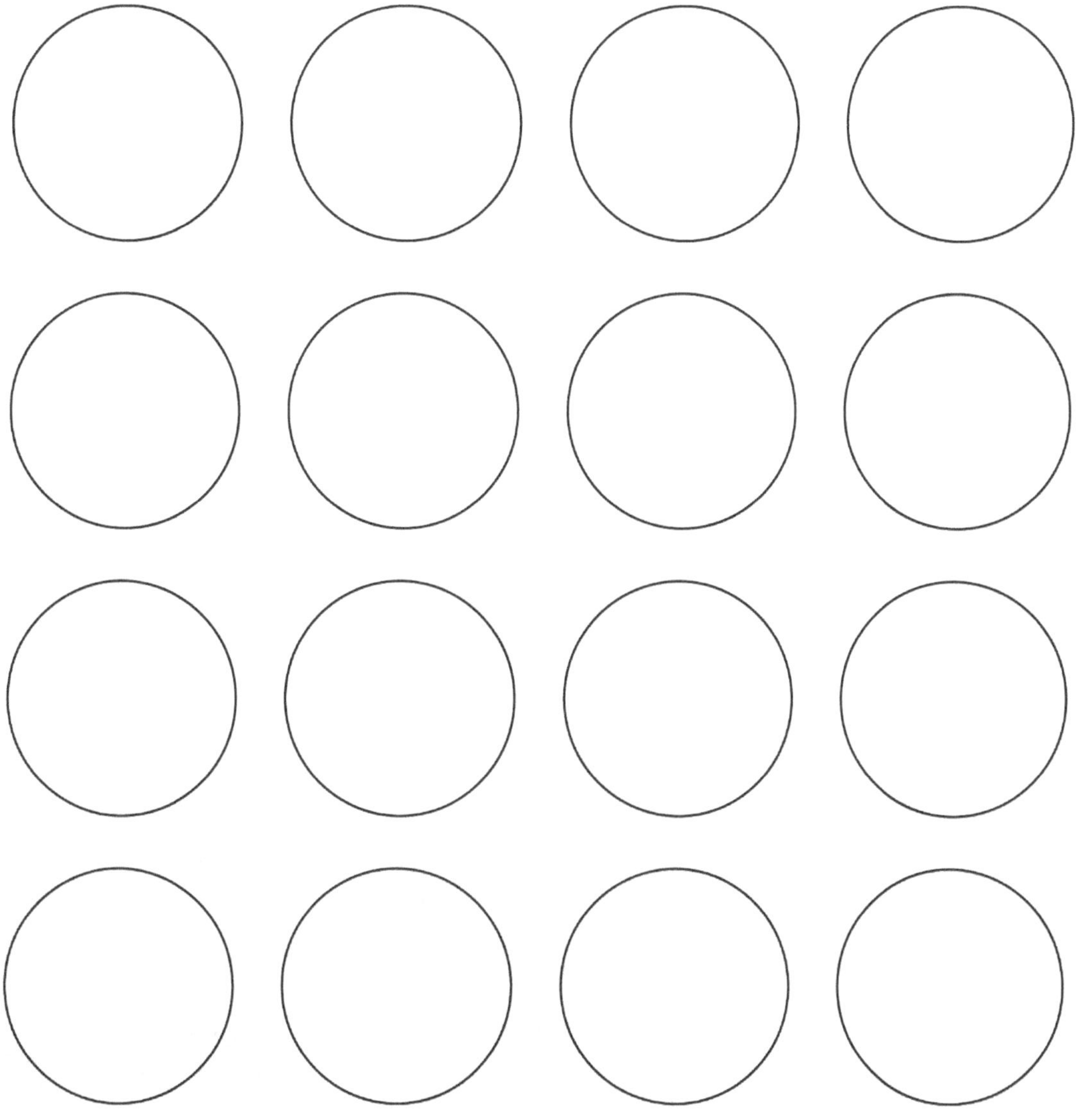

Test Your Color

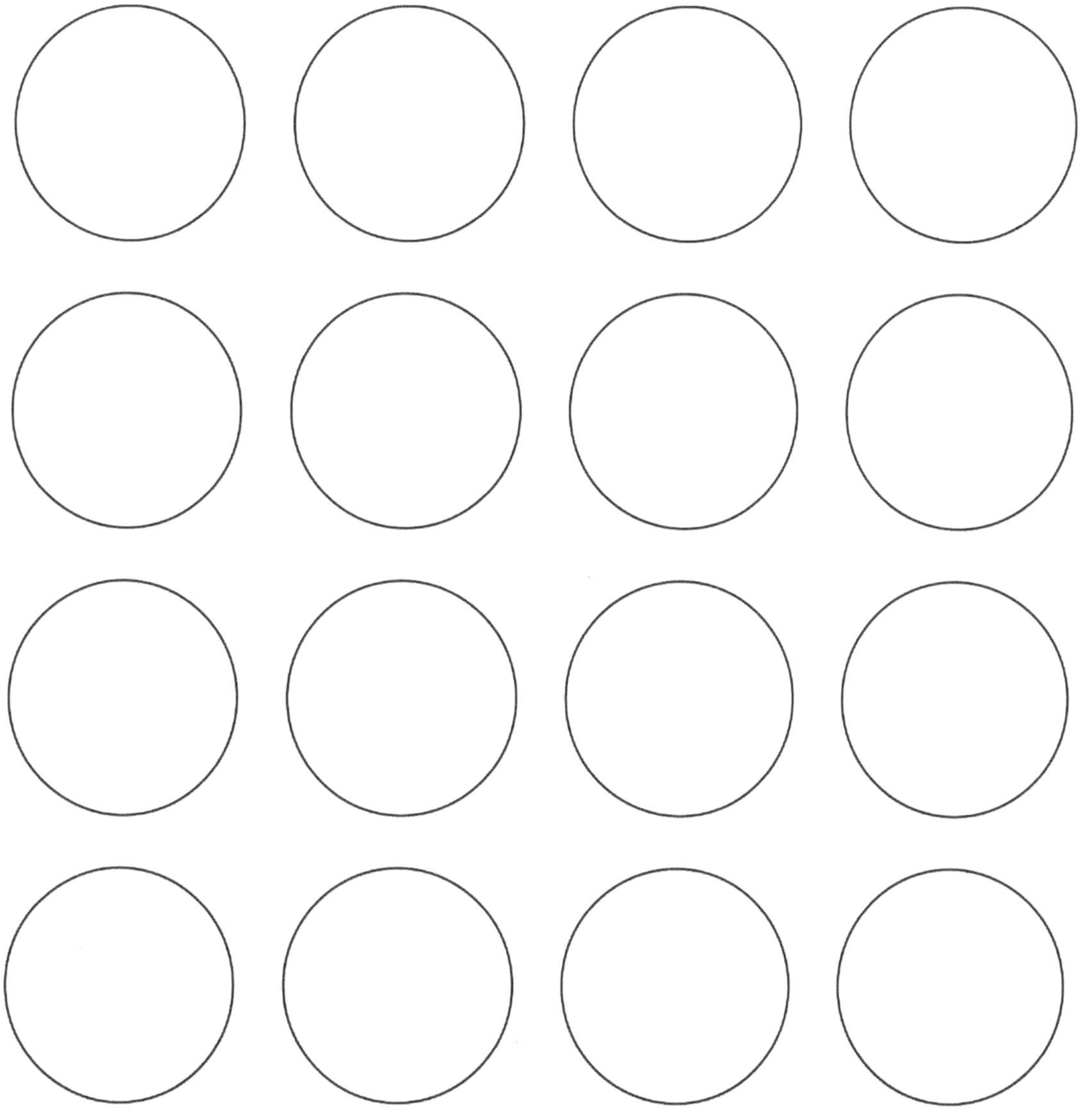

Test Your Color

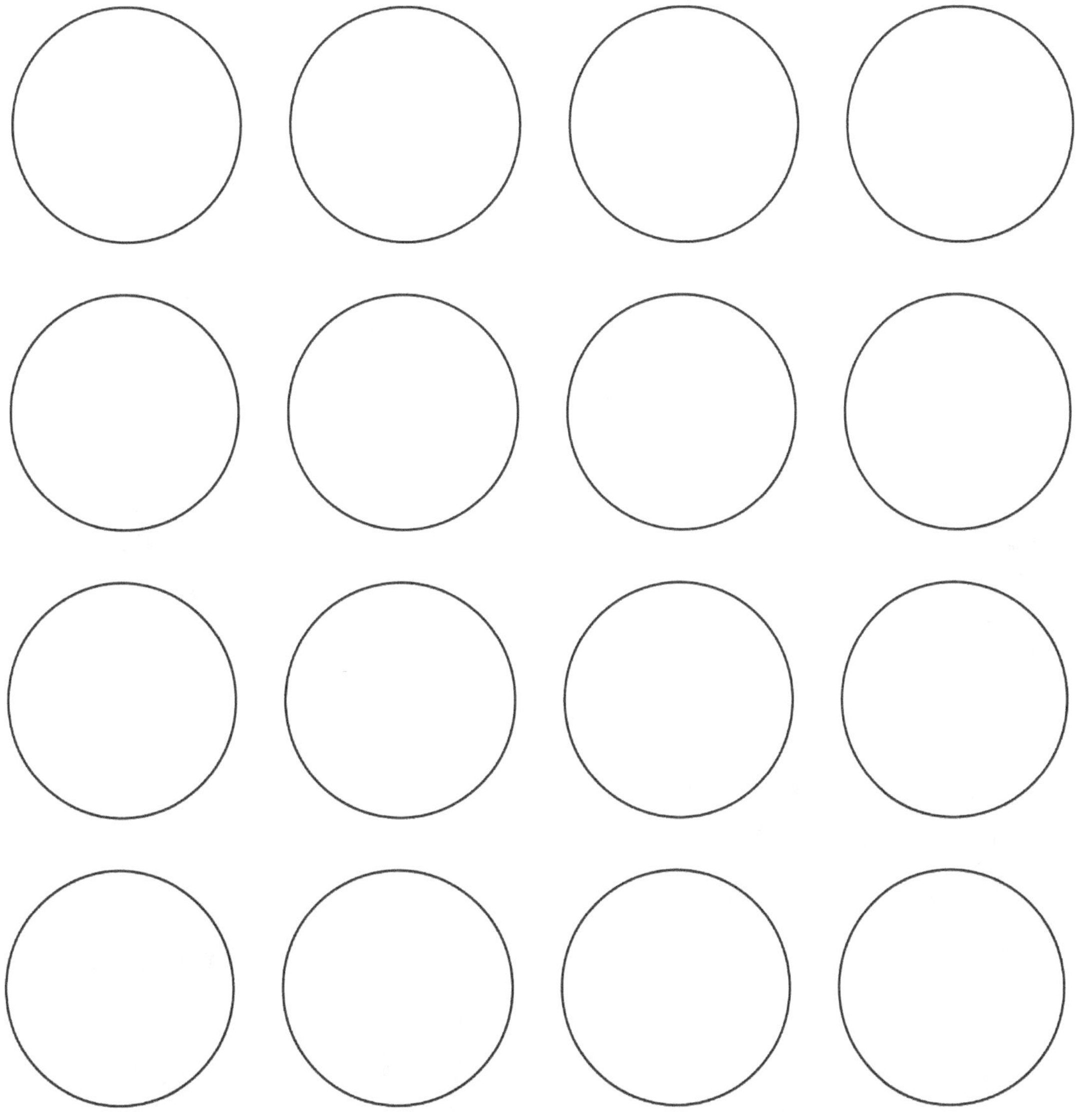

Test Your Color

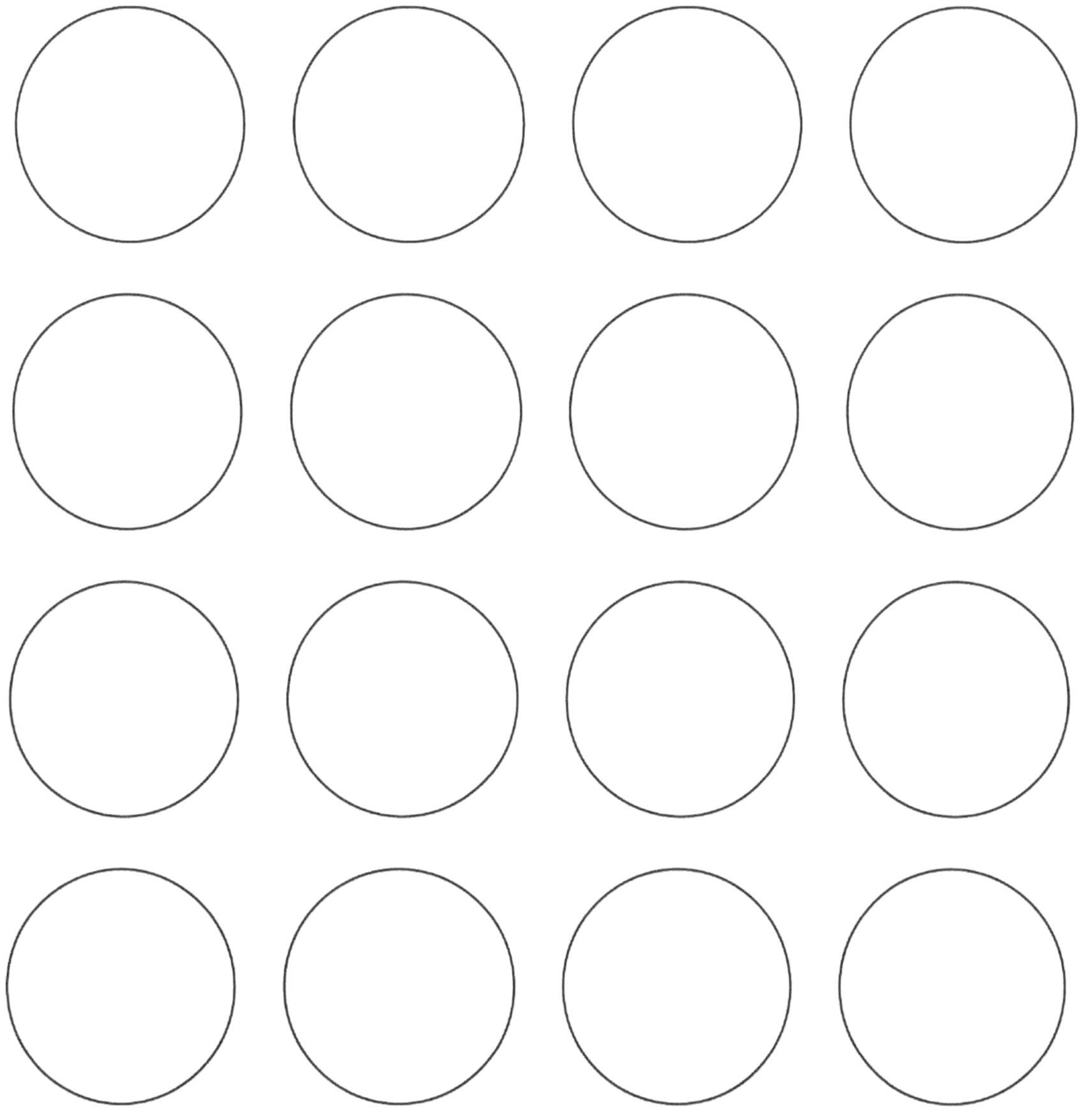

Test Your Color

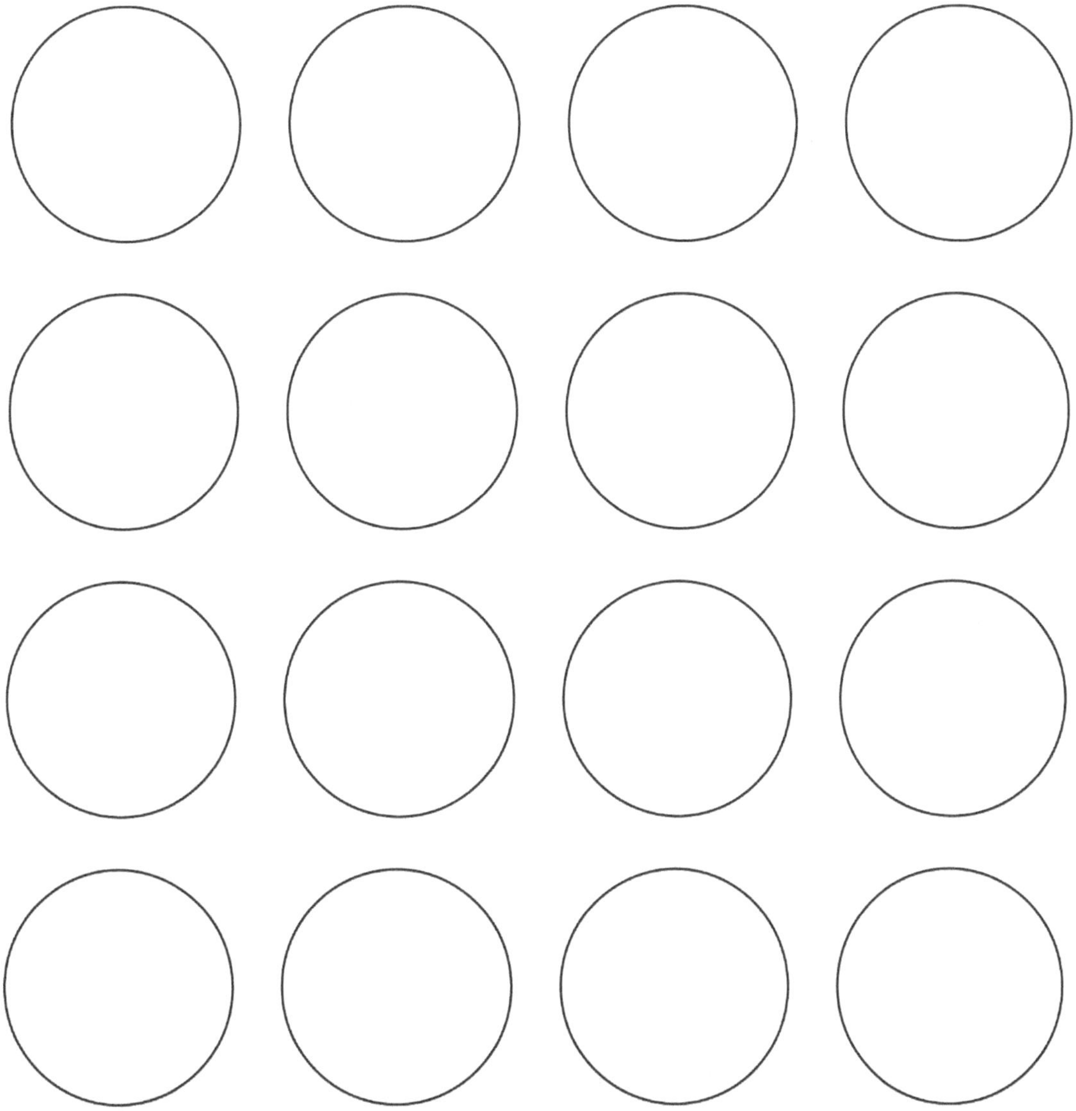

Test Your Color

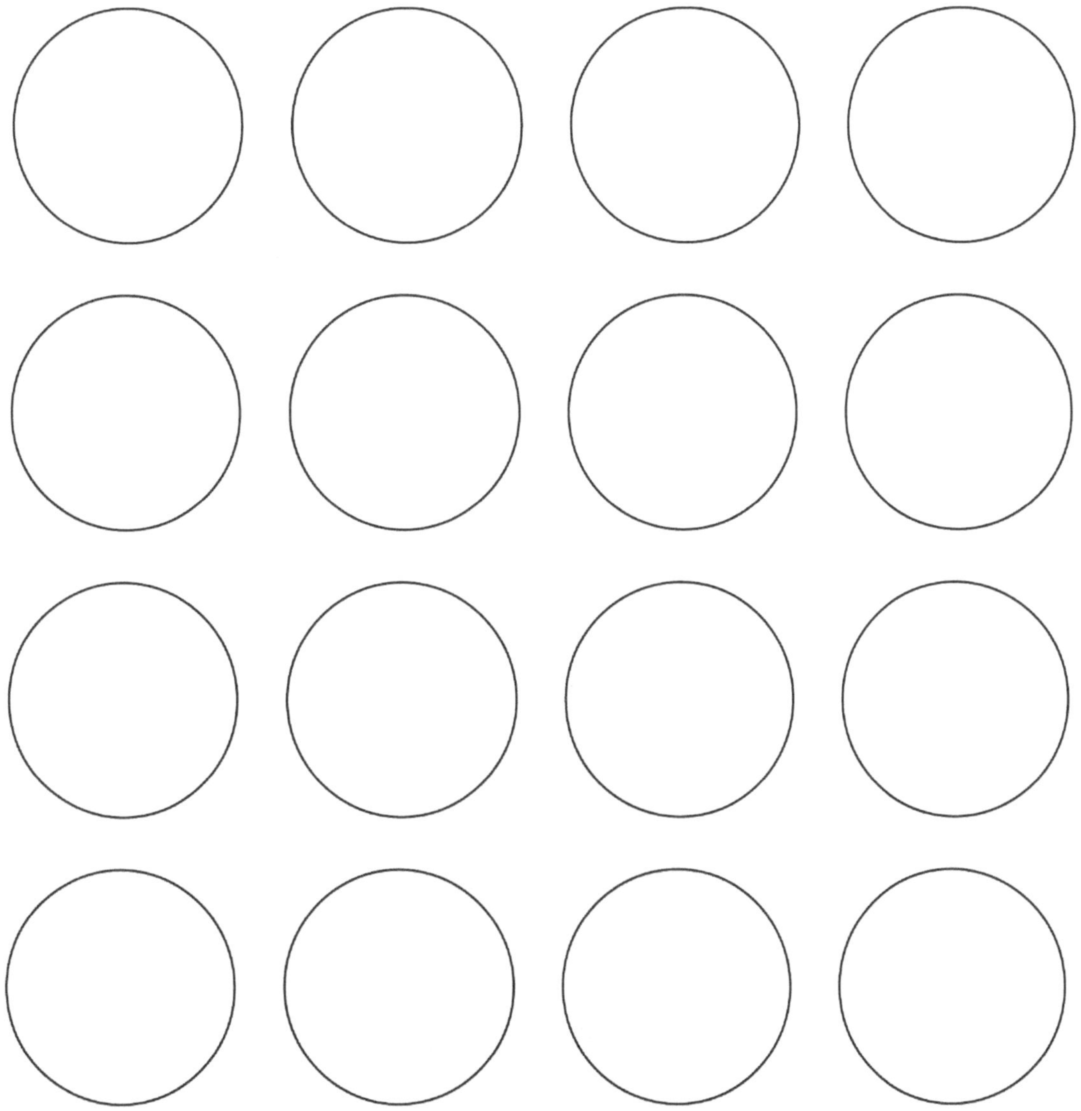

Test Your Color

Test Your Color

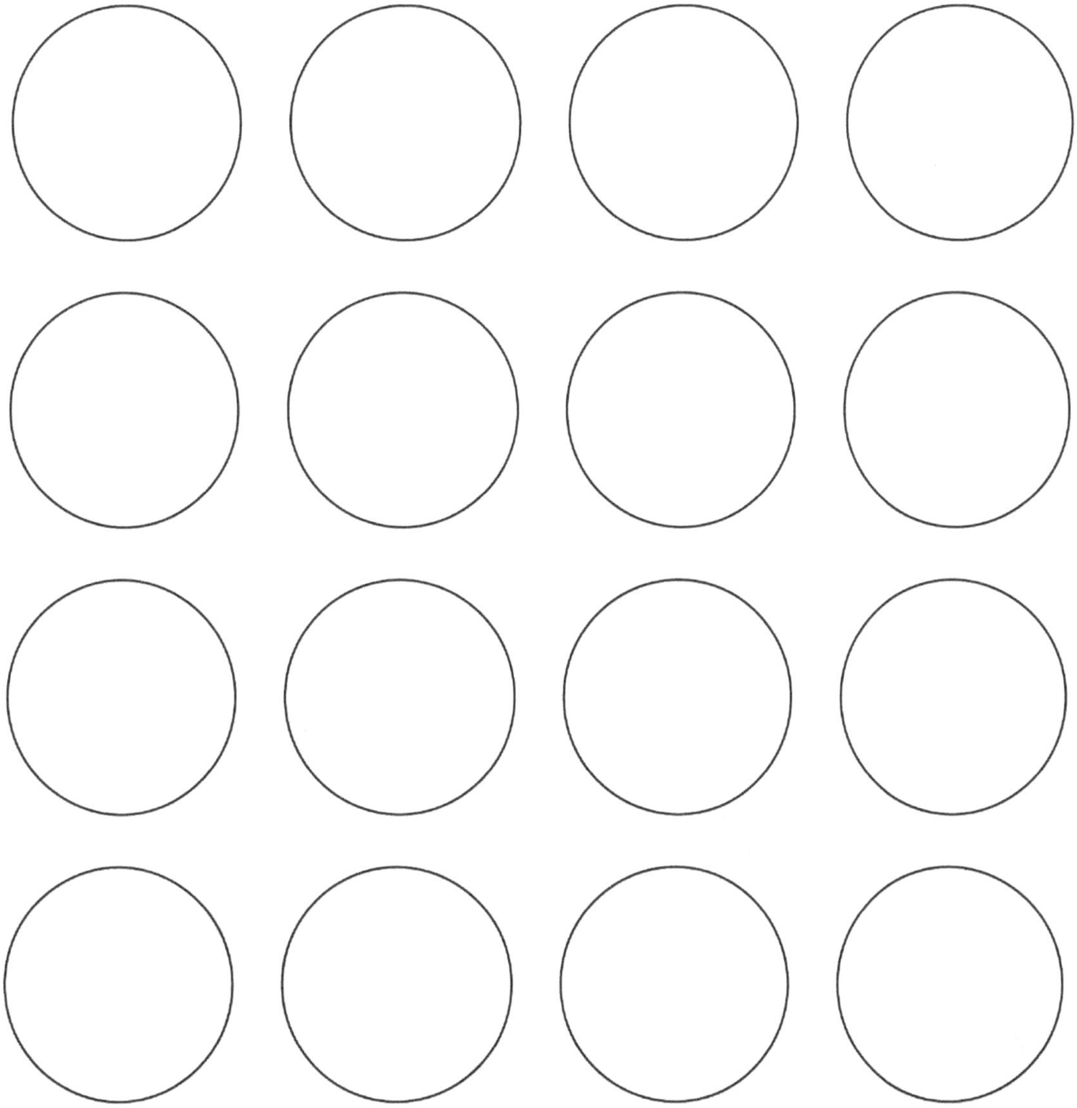

Test Your Color

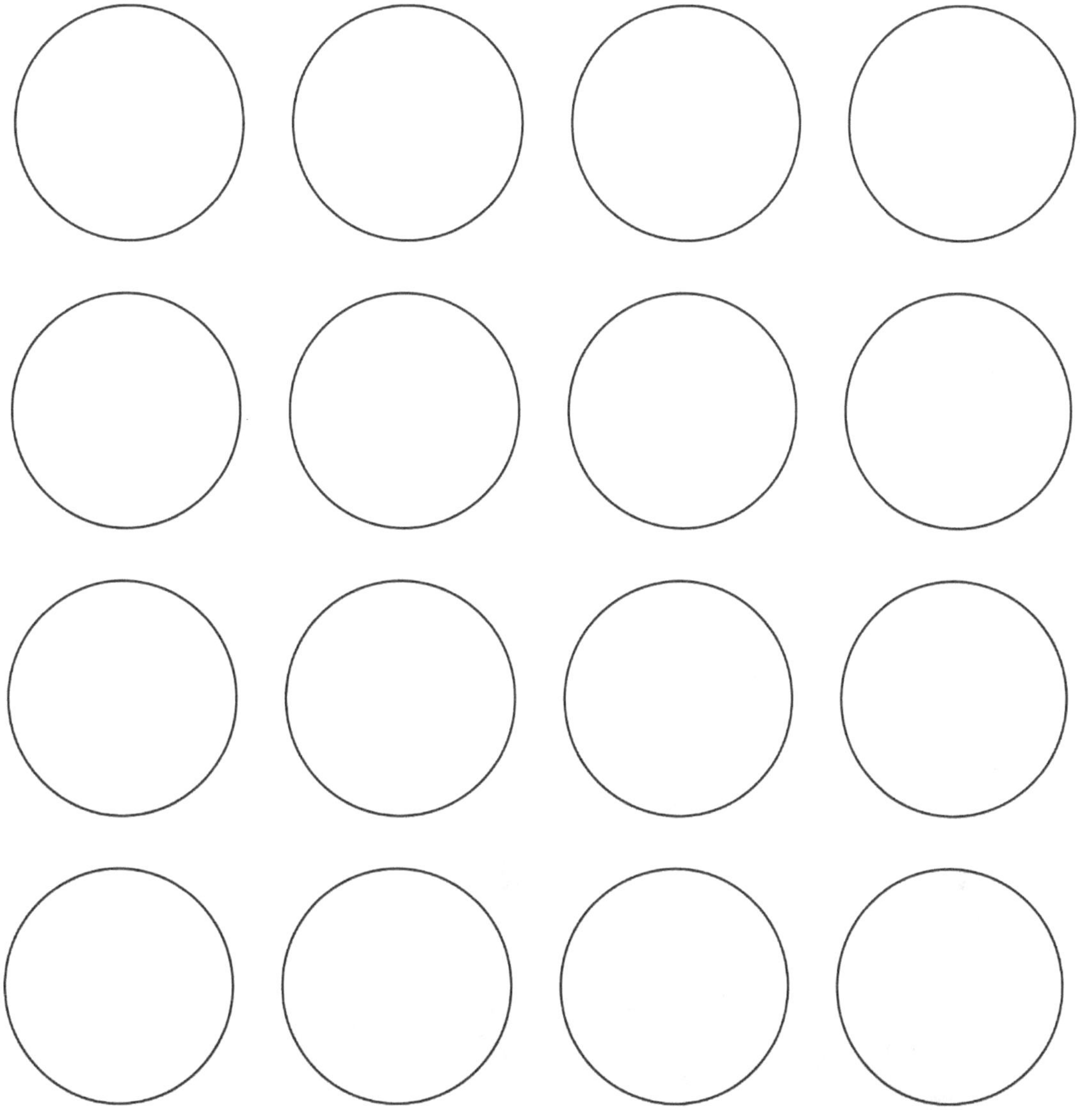

Test Your Color

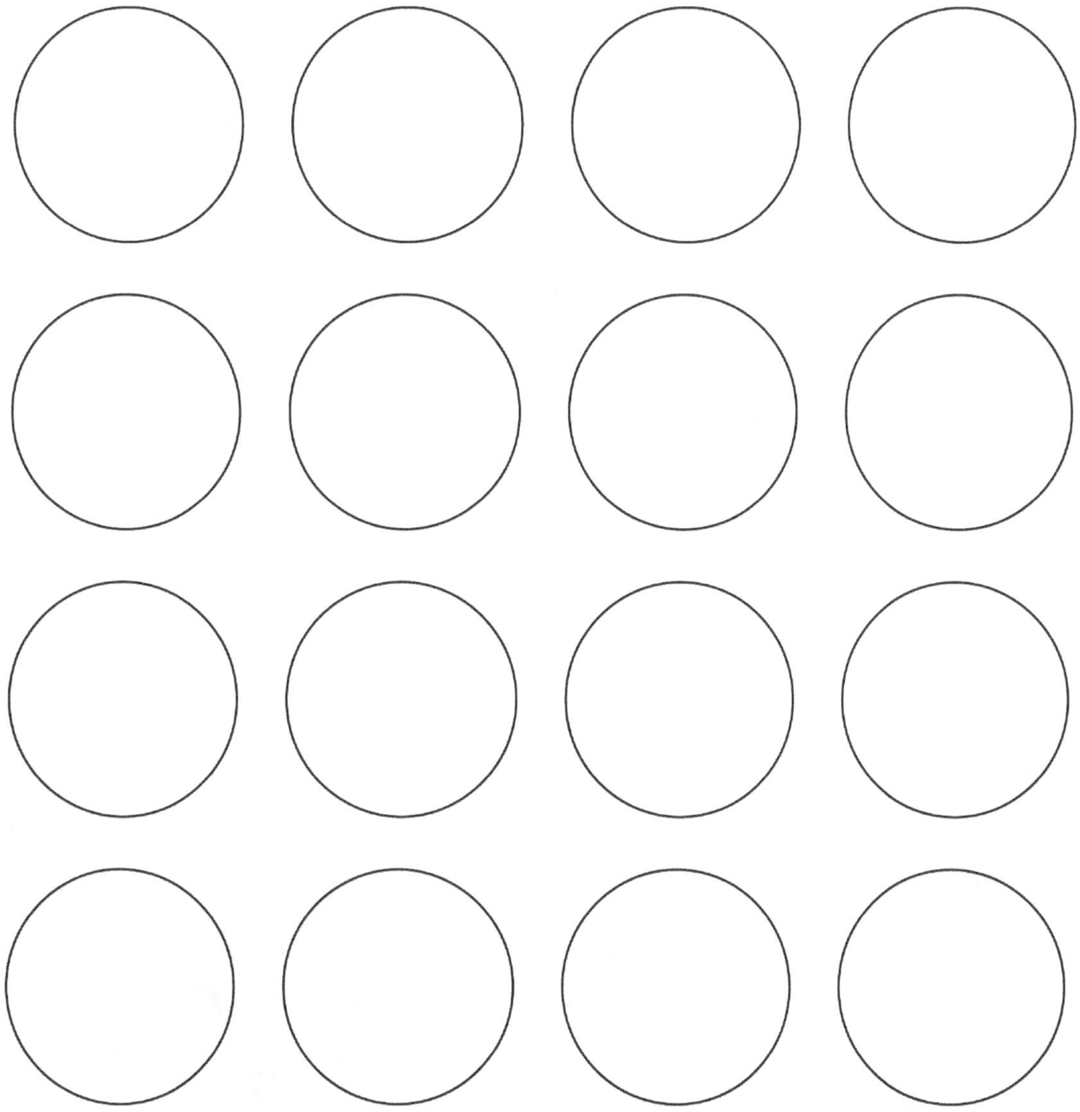

Test Your Color

Test Your Color

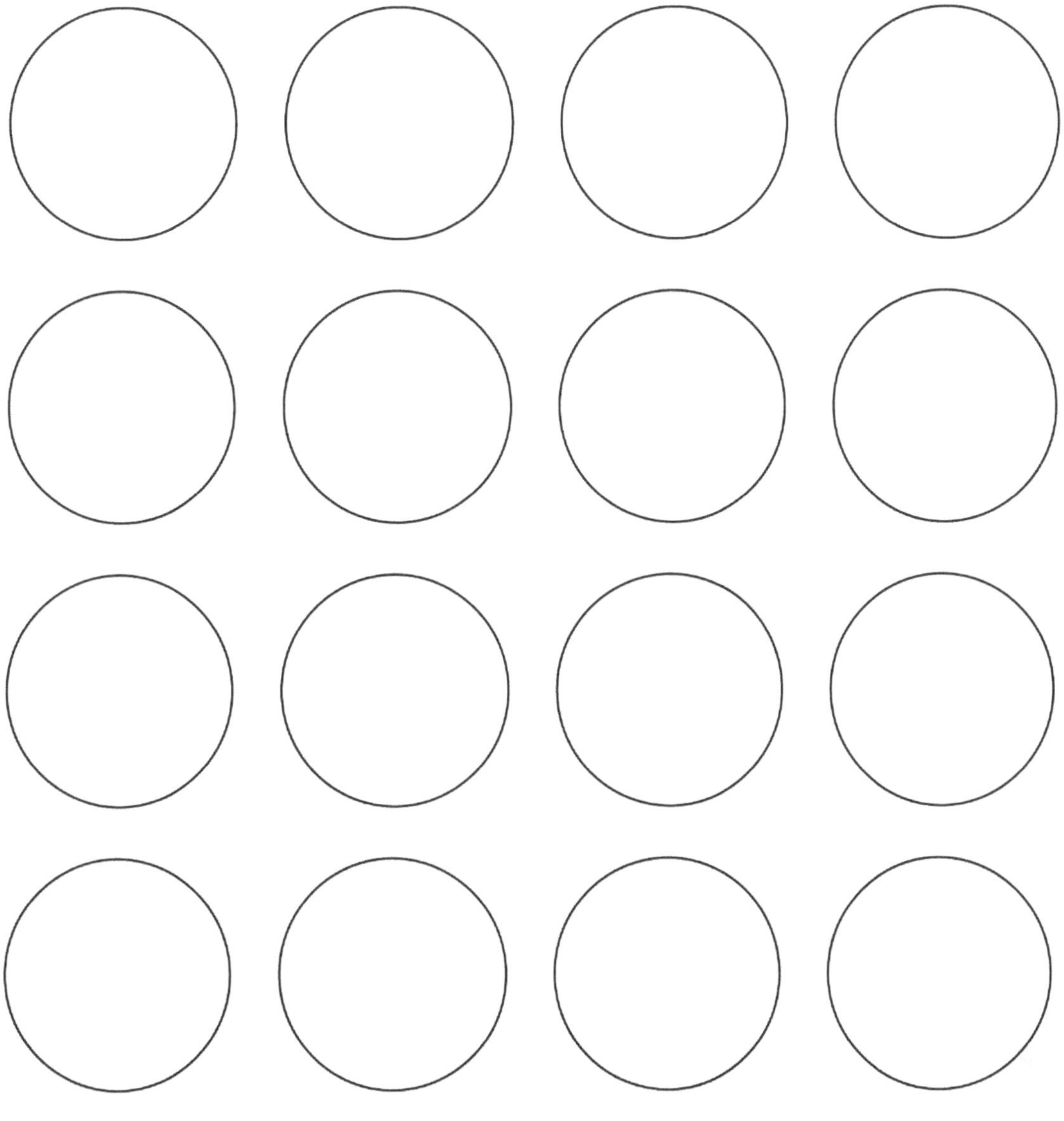

Test Your Color

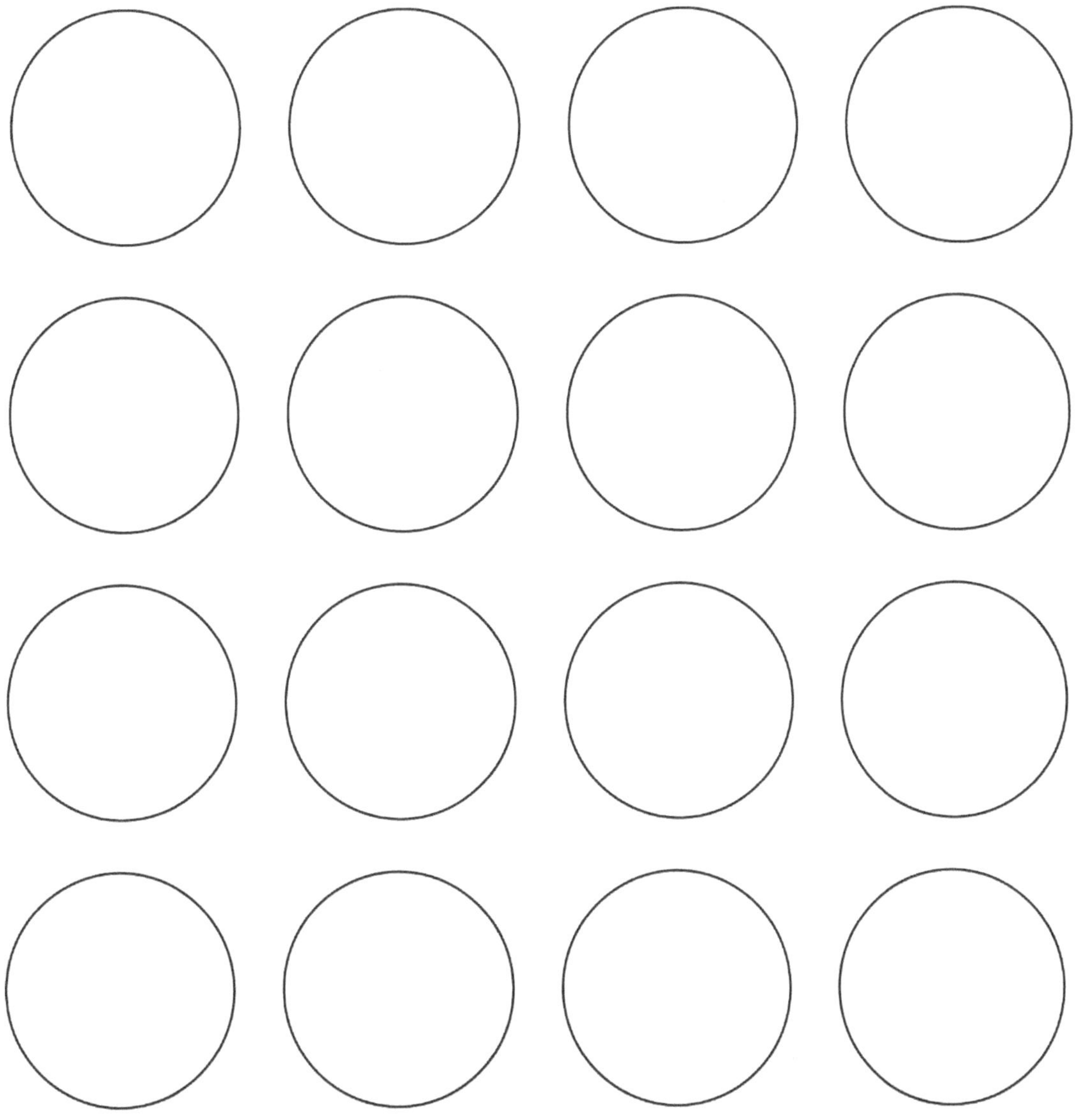

Test Your Color

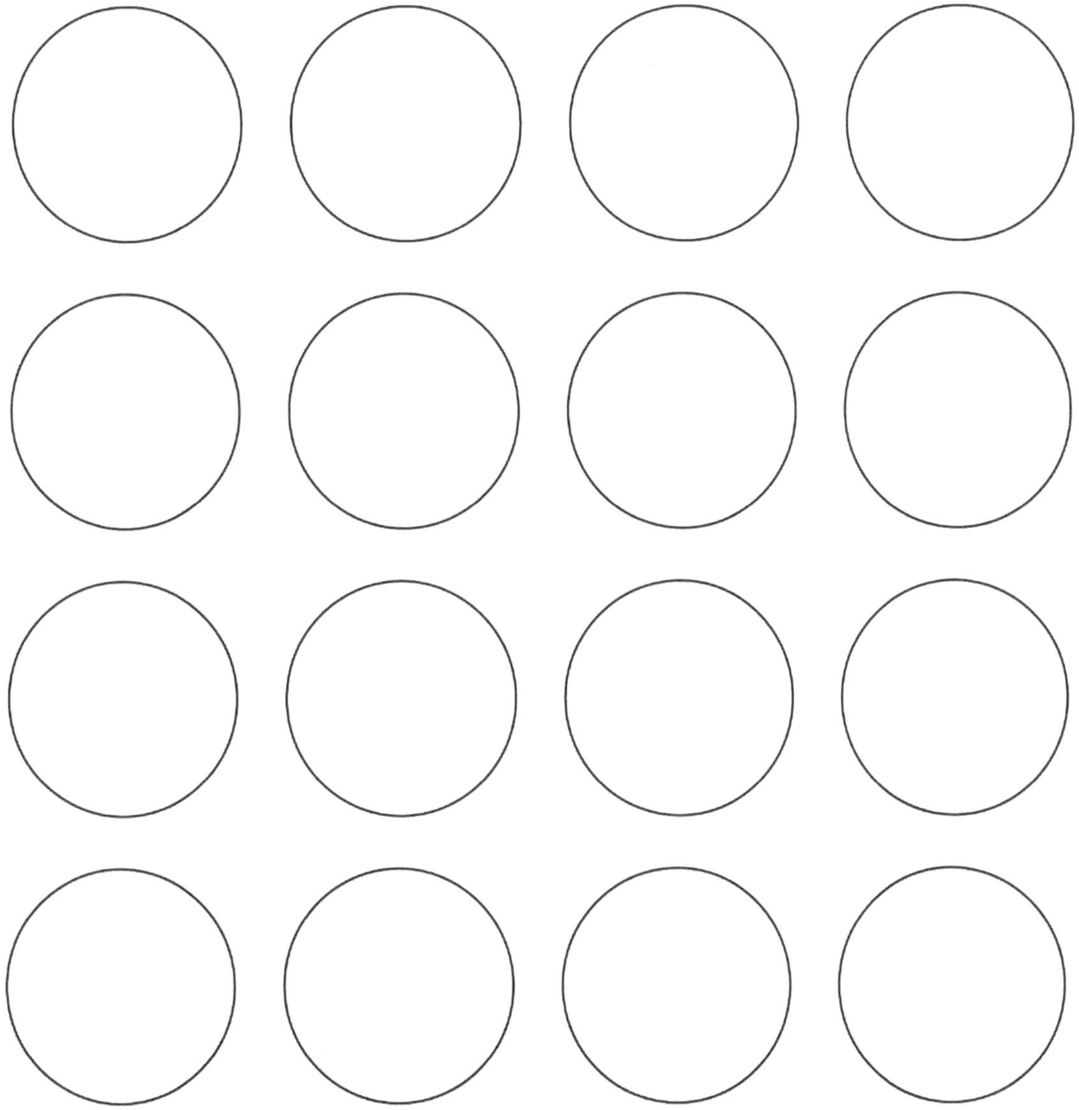

Made in United States
Troutdale, OR
01/12/2024

16926241R00058